道路运输行业低碳发展实现路径及关键技术分析

李 枭 刘 莉 余海涛 陈跃峰 著

人民交通出版社股份有限公司

北 京

内 容 提 要

道路运输在交通运输行业中占据主体地位，是响应国家"双碳"目标，实现交通运输绿色发展的关键环节之一。为更好地实现道路运输行业的节能低碳，本书开展了道路运输行业低碳发展实现路径和关键技术的相关研究。分别从制度层面、市场层面和技术层面出发，提出了车辆平均碳排放强度结合运输周转量的碳排放权总量估计方法；建立了能够兼顾公平与效率的碳排放权分配模型；通过方向距离函数构造环境生产技术产出集，构建了基于边际成本和影子价格的碳排放权定价机制；基于实际运行工况，提出了"车辆标称油耗+实际工况修正"的营运车辆实际碳排放核算方法；建立了可量化的节能低碳技术多目标综合评价方法；提出了道路运输行业碳减排技术清单。

本书可供道路运输、低碳交通研究领域的科研、管理人员使用，亦可作为大专院校交通运输相关专业师生的参考用书。

图书在版编目(CIP)数据

道路运输行业低碳发展实现路径及关键技术分析／李枭等著. — 北京：人民交通出版社股份有限公司，2023.4

　　ISBN 978-7-114-18441-3

Ⅰ.①道… Ⅱ.①李… Ⅲ.①道路运输—交通运输业—低碳经济—经济发展—研究—中国 Ⅳ.①F512.3

中国国家版本馆 CIP 数据核字(2023)第 017609 号

Daolu Yunshu Hangye Ditan Fazhan Shixian Lujing ji Guanjian Jishu Fenxi

书　　名：	道路运输行业低碳发展实现路径及关键技术分析
著 作 者：	李　枭　刘　莉　余海涛　陈跃峰
责任编辑：	岑　瑜
责任校对：	赵媛媛
责任印制：	张　凯
出版发行：	人民交通出版社股份有限公司
地　　址：	(100011)北京市朝阳区安定门外馆斜街 3 号
网　　址：	http：//www.ccpcl.com.cn
销售电话：	(010)59757973
总 经 销：	人民交通出版社股份有限公司发行部
经　　销：	各地新华书店
印　　刷：	北京科印技术咨询服务有限公司数码印刷分部
开　　本：	787×1092　1/16
印　　张：	10.25
字　　数：	272 千
版　　次：	2023 年 4 月　第 1 版
印　　次：	2023 年 4 月　第 1 次印刷
书　　号：	ISBN 978-7-114-18441-3
定　　价：	68.00 元

(有印刷、装订质量问题的图书，由本公司负责调换)

前言

过去几十年,全球碳排放呈明显的上升趋势,《京都议定书》的签订和巴黎气候大会的召开,标志着国际社会正式关注碳排放带来的环境问题。2021年10月24日和26日,《中共中央国务院关于完整准确全面贯彻新发展理念做好碳达峰碳中和工作的意见》(简称《意见》)及《2030年前碳达峰行动方案》(简称《方案》)发布,这两个重要文件在我国实现碳达峰碳中和的整体工作中起到了提纲挈领、带动全局的关键作用,而重点领域和行业的配套政策也将围绕《意见》及《方案》陆续出台。

交通运输行业是国民经济发展重要的基础性、先导性、服务性行业,也是我国节能低碳的重点领域之一。道路运输在交通运输体系中发挥主体作用,是响应国家"双碳"目标,实现道路运输绿色发展的关键环节之一。为更好地实现道路运输行业的节能低碳,有必要研究建立科学的道路运输行业低碳发展路径。然而道路运输行业的移动源排放特征,使得低碳发展的实现仍面临着行业的碳排放权总量缺乏科学的估计方法,碳排放权总量分配给各省(区、市)的方法尚未建立,科学的碳排放权定价机制尚未形成,基于实际运行工况的营运车辆碳排放核算方法尚未明确,道路运输行业节能低碳技术清单不够清晰等问题。

针对以上问题,本书从道路运输行业低碳发展实现路径中的制度层面、市场层面和技术层面出发,开展道路运输行业碳排放权的总量估计,给各省(区、市)科学分配碳排放权的方法,碳排放权的定价机制,营运车辆碳排放核算方法和节能低碳技术评价与清单共5个关键技术环节的研究,主要研究内容与创新性工作总结如下:

在制度层面,通过道路运输车辆达标车型数据库,获取了能够覆盖营运车辆约2000个车型的基本信息及能耗数据,利用大数据分析和累计概率密度拟合的方法,划定了营运客货车辆平均碳排放强度,提出了车辆平均碳排放强度结合运输周转量的道路运输行业碳排放权总量估计方法;估计了路运输行业碳排放权总量为54561万吨,为后期开展分配奠定基础。

基于估计的碳排放权总量,通过对传统单纯基于效率原则的DEA(数据包络分析)分配模型进行符合行业特性的改进和优化,建立了能够兼顾公平与效率,基于行业基准线的道路运输行业分配模型;利用现有统计数据,计算了各省(区、市)的实际分配量。通过与其他分配方法进行对比,验证了模型能够有效地提高分配效率,体现明显的激励效应,同时更好地兼顾分配公平,是合理有效的分配方法,为后期碳排放权定价提供基础。

在市场层面,在分配方法确定基础上,利用与分配一致的投入产出指标,通过方向距离函数构造环境生产技术产出集,提出了包含非期望产出的影子价格计算模型;构建了基于边际成本和影子价格的碳排放权定价机制。进而对各省(区、市)单位碳排放权的影子价格进行了计算。选择江苏省某典型企业开展实证分析,结果表明,案例中企业可用于出售的碳排放权2728.6t,获得收益78.13万元,分配值与实际排放差距在10%以内,收益约占企业当年总收益的0.1%,验证了分配方法和定价机制的合理性。

在技术层面,对于营运车辆碳排放核算,基于实际运行工况的车辆动力学和燃料消耗量及碳排放分析,利用回归分析、数据拟合及模型检验,建立了实载率和周转量能耗之间的关系模型;基于道路运输车辆达标车型数据库车型数据,计算了气温、速度的碳排放修正系数,建立了营运车辆在实际应用过程中不同环境气温、不同运行速度下的碳排放量修正模型,提出了"车辆标称油耗+实际工况修正"的营运车辆实际碳排放量核算方法。

在节能低碳技术层面,研究建立了可量化的多目标综合评价方法;从人、车、路等道路运输行业要素出发,建立了道路运输行业节能低碳技术清单。

鉴于著者水平有限,书中难免出现错漏之处,敬请各位专家和读者给予批评指正。

著 者
2022年12月

目　录

第一章　绪论 ·· 1
　　第一节　道路运输行业低碳发展的背景及意义 ·· 1
　　第二节　国内外道路运输行业低碳发展现状 ·· 4
第二章　道路运输行业低碳发展的特点和实现路径 ··· 9
　　第一节　道路运输行业碳排放特点及核算边界 ·· 9
　　第二节　道路运输行业碳排放的相关基本理论 ··· 15
　　第三节　道路运输行业节能低碳技术发展方向 ··· 17
　　第四节　道路运输行业低碳发展的实现路径 ·· 21
第三章　道路运输行业碳排放权总量估计方法 ·· 24
　　第一节　碳排放权总量估计方法研究现状 ··· 24
　　第二节　碳排放权的总量估计流程确定及模型建立 ···································· 24
　　第三节　营运车辆平均碳排放强度的划定 ··· 28
　　第四节　道路运输行业碳排放总量估计 ·· 32
第四章　各省（区、市）道路运输行业碳排放量的分配方法 ······························ 36
　　第一节　碳排放总量分配研究现状 ·· 36
　　第二节　分配模型的建立原则 ·· 40
　　第三节　基于"行业基准线"的各省（区、市）碳排放量分配模型 ················· 41
　　第四节　与其他分配方法的对比 ··· 50
第五章　基于市场层面的碳排放权定价方法 ··· 57
　　第一节　碳排放权定价方法研究现状 ··· 57
　　第二节　碳排放权定价的理论与方法 ··· 58
　　第三节　道路运输行业碳排放权定价的影子价格模型 ·································· 61
　　第四节　约束总量分配方法及碳排放权定价机制的实证分析 ························· 65
第六章　基于技术层面的车辆碳排放量核算方法 ··· 67
　　第一节　碳排放量核算层面国内外研究现状 ·· 67
　　第二节　营运车辆实际运行碳排放量影响因素分析 ···································· 68
　　第三节　营运车辆实际载质量对碳排放量的影响 ······································· 69
　　第四节　营运车辆碳排放量修正系数研究 ·· 79
第七章　基于技术层面的节能低碳技术评价及清单建立 ···································· 89
　　第一节　节能低碳技术评价方法 ··· 89

第二节　节能低碳技术评价程序 …………………………………………… 96
　　第三节　专家库管理 ………………………………………………………… 98
　　第四节　现有节能低碳技术评价 …………………………………………… 101
　　第五节　道路运输行业降碳技术清单 ……………………………………… 104

第八章　典型节能低碳技术案例介绍 …………………………………………… 108
　　第一节　纯电动重型载货汽车在物流行业的应用 ………………………… 108
　　第二节　氢燃料电池汽车在公交行业的应用 ……………………………… 117
　　第三节　台架式卷钢集装箱运载技术 ……………………………………… 119
　　第四节　公交轮胎全生命周期管理系统 …………………………………… 123
　　第五节　主动均衡系统在退役动力电池"梯次利用"储能电站中的应用 … 128

第九章　道路运输低碳发展展望 ………………………………………………… 134
　　第一节　道路运输行业目标年的碳排放约束总量预测 …………………… 134
　　第二节　其他动力类型车辆对实际运行情况修正的影响 ………………… 134
　　第三节　基于大数据分析与建模的营运车辆实际碳排放量核算方法 …… 134

附录 ………………………………………………………………………………… 136
　　一、道路运输节能低碳技术申报书 ………………………………………… 136
　　二、××××节能低碳技术实地核查报告 ………………………………… 142
　　三、交通运输节能减排工作专家库专家推荐表 …………………………… 150

参考文献 …………………………………………………………………………… 153

第一章 绪　　论

本章主要针对道路运输行业低碳发展的背景和意义、国内外道路运输行业低碳发展现状、道路运输行业低碳发展中存在的问题等三个部分开展研究。着重梳理了美国、日本、欧洲各国和我国当前开展道路运输行业低碳发展采取的相关政策措施,并总结分析了当前道路运输行业低碳发展中存在的问题。

第一节　道路运输行业低碳发展的背景及意义

一、背景

随着社会的发展和人民生活水平的提高,环境问题越来越受到人们的关注。过去几十年,全球碳排放呈明显上升趋势,如图1-1所示。国际能源署相关报告数据显示,2021年,全球碳排放量出现强劲反弹,较2020年同比增长6%,达到363亿吨,创有史以来年度最高水平。碳排放的增加将使全球温度升高,造成极地冰盖融化、海平面持续上升、粮食减产、大规模物种灭绝等灾难性后果。

图1-1　全球碳排放量

能源是生产的原动力,能源的消费对国家和社会的发展具有重要的影响作用。当前国际社会面临严格的节能低碳要求,如何寻找社会发展和环境保护的平衡点,成了世界关注的话题。1986年,美国经济学家戴尔思首次提出了"排污权交易"的概念,碳排放和碳交易进一步被人们重视和了解。1992年5月9日,联合国大会通过了《联合国气候变化框架公约》,并于1994年3月正式生效,促使公约国共同努力维持全球碳排放浓度的平稳。1997年制定的《京都议定书》,使得各国越来越重视由碳排放量带来的全球环境问题。2007年联合国气候变化大会在巴厘岛举行,会议形成了《巴厘岛路线图》,为下一步应对气候变化工作设定了时间表。2009年,哥本哈根会议通过的《哥本哈根协议》,维护了《联合国气候变化框架公约》及《京都议定书》确立的"共同但有区别的责任"原则,就发达国家实行强制减排和发展中国家采取自主减缓行动做出了安排,并就全球长期目标、资金和技术支持、透明度等焦点问题达成广泛共识。2012年多哈会议,各国就《京都议定书》第二承诺期做出决定,发达国家在2020年前继续大幅度减排。2013年11月,华沙气候大会继续坚持"共同但有区别的责任"的原则,发达国家再次承诺出资支持发展中国家应对气候变化。2015年,联合国巴黎气候变化大会通过《巴黎协定》,要求各国以"自主贡献"的方式参与全球应对气候变化行动,发达国家继续带头减排,并对发展中国家减缓和适应气候变化提供资金、技术和能力建设的支持。气候变化关键进程节点见图1-2。

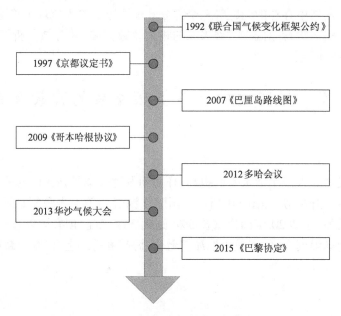

图1-2 气候变化关键进程节点

作为《京都议定书》和《巴黎协定》的缔约国,我国早已将绿色低碳发展纳入长期发展目标。为充分调动各方力量积极参与生态文明建设,宣传节能低碳理念,在全社会树立和普及低碳理念,2013年6月,我国设立了首个"全国低碳日",标志着我国正式将低碳作为经济和社会发展必须考虑的重要问题。

交通运输行业是国民经济发展重要的基础性、先导性、服务性行业,同时也是重点耗能行业之一,碳排放量较大,是我国节能低碳、绿色发展的重点领域之一。近年来,交通运输行业的二氧化碳排放量大幅增加,由2011年的6.3亿吨增长到2019年的11.4亿吨,2020年有所回落,但仍然保持高位,约为9.3亿吨,约占我国碳排放总量的10%,具体如图1-3所示。

交通运输行业属于重点能源消耗行业,其快速发展将会不可避免地带来大量的能源消耗;同时,在交通运输行业的终端能源消耗中,汽油、柴油、煤油等化石能源占比极高,导致交通运输行业产生了大量的碳排放量。根据欧美发达国家经验,在完成工业化之后,交通运输领域的碳排放量一般会占到碳排放总量的1/3左右,同时在建筑、能源等领域碳排放量显著下降的情况下,交通运输领域的碳排放量还保持持续增长。与欧美发达国家相比,我国当前的交通运输行业碳排放量占比仍然较低,但增速明显,从交通运输领域碳排放量的规律来看,这说明在未来一段时间,我国的交通运输领域碳排放量还会持续增加。

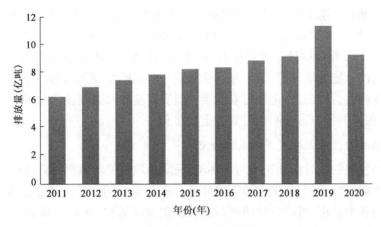

图1-3 2011—2020年中国交通运输行业碳排放总量

以化石燃料为主的营运车辆是道路运输行业的主要用能设备,因此道路运输行业属于较为典型的高资源消耗型行业。道路运输是交通运输行业的重要组成部分,在整个交通运输行业碳排放总量中,道路运输领域的碳排放量也成为绝对主体,2019年交通运输行业各运输方式的碳排放总量占比情况如图1-4所示。

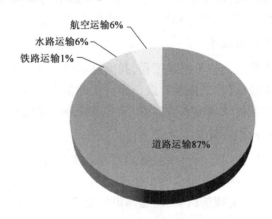

图1-4 2019年各种运输方式碳排放总量占比

由图1-4可见,道路运输领域的碳排放量在交通运输碳排放总量中所占的比例达到87%,其他运输方式中,铁路由于已经实现了电气化,碳排放量占比仅为1%,航空和水运的碳排放量占比均约为6%。

当前我国仍处于快速发展的重要阶段,道路运输作为基础性产业,客货运输需求的增长速度仍然较高。我国基础设施建设的快速发展及人民出行需求稳步增长,其产生的运输需求使运输能源的需求量和碳排放量显著增加。同时,当前道路运输发展的技术水平和用能结构仍难以发生根本性转变,降低交通运输行业的碳排放总量压力大,形势严峻,这也为道路运输行业的绿色低碳发展提出了较大挑战。

二、意义

交通运输业作为我国国民经济支撑性产业,成为我国二氧化碳的重要排放源,深刻影响着我国经济社会发展和生态文明建设。道路运输行业作为交通运输行业的重要组成部分,面临的节能低碳形势严峻。《国家综合立体交通网规划纲要》提出2021—2035年我国客运量年均增速为3.2%左右,货物运输量年均增速为2%左右,并要求运输周转量能耗逐年减少。为有效应对当前面临的节能低碳形势,为道路运输行业开启低碳发展之路提供理论和数据支撑,结合道路运输行业特性,开展道路运输行业低碳发展实现路径及关键技术分析,对实现道路运输行业节能低碳,促进国家生态文明建设具有重要意义。

1. 引领道路运输行业低碳发展的有效途径

我国在社会发展的同时必须正确对待环境问题,采取相关政策措施降低行业碳排放量,对应对全球气候变暖,建设绿色低碳交通运输体系具有重要作用。开展道路运输行业低碳发展实现路径及关键技术分析,可以有效明确行业的低碳发展进程,优化行业能源结构,提高行业能源利用效率,是引领行业绿色低碳发展的有效途径。

2. 为道路运输行业实现碳达峰目标提供新的思路

当前,道路运输行业完成低碳发展主要依靠国家层面的政策和措施,如建设低碳交通运输体系、变革碳排放结构等,但国家层面的政策仅能起到一定的推动作用,运输企业是道路运输节能低碳的主体,除国家层面的政策推动外,还应研究考虑不同降碳方式的有机结合,可以有效发挥企业的主观能动性,为行业碳达峰目标实现提供新的思路。

3. 有效提高行业能源利用效率

道路运输行业的节能低碳是一个系统工程,我国目前尚未形成较为系统完善的实现路径。通过开展低碳发展实现路径的研究,能够有效引导行业的能源结构变革,引领低碳发展模式。辅以能够降低能源消耗和碳排放量的关键技术,来有效提高行业的能源利用效率。

4. 有助于提高道路运输企业市场竞争力

随着国家和交通运输行业对道路运输服务的要求越来越高,以及对低碳发展要求的不断提高,货主方对运输企业的低碳要求也会逐步提高。引导道路运输企业采用适宜的低碳技术和低碳装备,对道路运输企业实现低碳发展,提高市场竞争力具有重要的指导意义。

第二节　国内外道路运输行业低碳发展现状

一、美国

美国很早就开始关注节能低碳和新型能源应用的相关问题,并出台了一系列政策措施。

1. 发布相关政策文件

美国能源部颁布实施了《能源政策和节约法》,其核心是能源安全、节约能源及提高能效;针对机动车辆的能效问题,美国制定了《机动车辆信息与成本节约法》,旨在利用法律强制提升机动车辆能效;《国家能源政策法》是能源供应和使用的综合性法律文本;《国家能源综合战略》要求提高能源系统效率,更有效地利用能源。美国发布的《国家运输科技发展战略》,提出运输产业结构和运输科技进步的总目标是:建立安全、高效、充足和可靠的运输系统,其范围是国际性的,形式是综合性的,特点是智能性的,性质是环境友善的。2009 年,美国参议院通过了"美国复兴与再投资法案",以发展新能源作为投资重点,计划投入 1500 亿美元,用 3 年时间使美国新能源产量增加 1 倍。之后美国推出了"清洁电力计划",确立了 2030 年之前将发电厂的二氧化碳排放量在 2005 年水平上消减至少 30% 的目标。

2. 采用强制手段进行设备能效标准、标识和认证

美国能源部制定了能效标识制度并强制实施,同时实施了自愿性节能认证——"能源之星",如图 1-5 所示。《美国采购法》及几个总统令都规定政府必须采购"能源之星"认证产品。"能源之星"间接成为政府强制性行为。有"能源之星"标识的产品,则标志着该产品已经达到了美国能源部和美国国家环境保护局认可的能耗指标。为鼓励用户选择节能技术,消费者购买一些获得"能源之星"标识的节能技术可以得到由公益基金提供的资金返还。

图 1-5　美国"能源之星"标识

3. 增加公共财政投入,设立节能低碳基金

美国联邦政府用于节能和新能源的研发推广投资逐年增加。美国在 21 个州设有节能公益基金,主要通过提高 2% ~3% 的电价来筹集资金。基金由各州的公用事业委员会负责管理,相关部门和单位可以申请并利用该基金开展节能活动,推广节能低碳技术,利用包括现金补贴、税收减免和低息贷款等方式鼓励节能低碳技术应用。在能源效率、替代燃料和可再生燃料等领域实施减免能源税政策。对新建建筑和各种节能型设备,根据所判定的能效指标不同,减税额度为 10% 或 20%。美国 40 个州级政府部门和公共事业单位提供 1.33 亿美元开展现金补贴项目,鼓励用户购买经"能源之星"认证的节能电器和照明产品。消费者购买符合条件的混合动力车,可以享受到 250 ~2600 美元不等的税款抵免优惠,购买充电式混合动力车,可以享受 7500 美元的税收抵扣。为推广新能源汽车,美国国会批准了旧车换现金法案,按照这项总投资 10 亿美元的计划,如果驾车者换取节油车型,将可获得 3500 ~4500 美元的补贴。

二、日本

日本是能源严重匮乏的国家,在低碳交通体系建设中,节能和发展新能源始终是其战略的重点。

1. 发布相关政策文件

1979 年日本颁布实施了《合理用能法》,这是日本第一部针对节约能源消耗制定的法律;1993 年制定了《合理用能及再生资源利用法》,核心是促使企业、机动车辆、耗能设备遵守更为严格的能效标准;1998 年制定了《2010 年能源供应和需求的长期展望》,强调通过采用稳定的节能措施来控制能源需求。日本制定的新能源战略,提出到 2030 年将目前近 50% 的石油依存度降低到 40%。

2. 采用强制手段进行设备能效标准、标识和认证

实施"领跑者"能效基准制度,如图 1-6 所示。即对汽车和电器产品(包括家用电器、办公

自动化设备等)制定能效标杆,鼓励行业依照能效标杆积极研发生产高能效产品,并明确实施的年度目标。

图1-6　日本"领跑者"标识

3.设立资金补贴

日本资源能源厅设立了节能和新能源技术研发推广资金,占资源能源厅预算的40%。2007年,日本"计划在5年内投资2090亿日元开发以天然气为原料的液体合成燃料技术、车用电池及氢燃料汽车"。目前,日本已经建立了开发高性能电动汽车动力电池的产业联盟,包括丰田、日产等汽车企业,三洋电机等电机、电池生产企业和日本京都大学等著名学府及研究机构,并计划投入210亿日元,大幅提高日本电动车一次充电的续驶里程。

4.给予税收优惠

日本通过降低汽车购置税的税率促进高能耗、低排放汽车的生产和销售。在该绿色税收计划中,使用星级标签表示机动车污染物排放等级,例如,四星级代表该机动车无二氧化碳尾气排放,获得燃油经济性标签的机动车可享受税收减免待遇。

三、欧洲各国

长期以来,欧洲各国对交通运输领域的低碳发展给予了高度重视,并发布了一系列政策措施来推进交通运输领域的环境保护和节能低碳工作。

1.发布相关政策文件

荷兰颁布的能源政策第三版"白皮书",提出了2020年能效水平比1990年提高1/3的目标。1998年荷兰经济部部长向议会提交节能备忘录,探讨提高重点行业能源效率的可行性,并提出了政策建议大纲。1999年提出了"1999—2002年节能行动计划",以自愿协议为基础,以金融、财政激励政策为手段促进节能投资。2009年,英国运输部出台了运输行业转型计划,确定2020年运输碳排放总量在2008年基础上减少14%,在道路运输、铁路运输等方面支持使用新技术、新能源燃料;提供更多低碳出行的选择;利用市场机制推动道路运输的低碳转型;制定货运行业排放测算标准、通报制度和减少排放的方法。

2.增大公共财政投入

2007年,欧盟决定在之后7年内把能源领域的研究开发预算提高50%,并于同年通过了有关发展氢燃料汽车的立法建议,欧盟和私有企业将各出资4.7亿欧元在随后6年的时间内发展氢燃料汽车。2011年,荷兰政府在《面向2020年新能源计划》中提出,要继续提高新能源投资,总额将达到700亿欧元,并发布《2010—2021年欧盟运输政策白皮书》,提倡大力推广新能源汽车的使用,提出了"2050年运输领域温室气体排放要减少60%"的目标。

四、中国

我国十分重视绿色低碳发展,发布了一系列政策措施,并设立了相应资金补贴,来推进交通运输领域的环境保护和节能低碳工作。

1. 发布相关政策文件

2011年,国务院发布了《"十二五"控制温室气体排放工作方案》,提出到2015年全国单位国内生产总值二氧化碳排放比2010年下降17%的目标。2011年,交通运输部发布了《建设低碳交通运输体系的指导意见》,提出了相关目标、重点任务和保障措施。2013年,交通运输部又发布《加快推进绿色循环低碳交通运输发展指导意见》,大力推进低碳交通运输体系建设,努力建设资源节约型、环境友好型交通运输行业,促进交通运输绿色发展、循环发展、低碳发展。2021年,交通运输部发布了《绿色交通"十四五"发展规划》,为"十四五"期间绿色交通发展指明了方向。2022年,交通运输部办公厅印发了《绿色交通标准体系(2022年)》,全面对接推进交通运输行业绿色发展的目标任务,优化完善适应加快交通强国建设的绿色交通标准体系,充分发挥标准的基础支撑作用。

2. 设立资金补贴

2011年,财政部、交通运输部发布了《交通运输节能减排专项资金管理暂行办法》,由中央财政设立专项资金,利用"以奖代补"的方式,支持公路、水路交通运输节能减排项目。

3. 开展试点示范

2010年,国家发展和改革委员会发布了《关于开展低碳省区和低碳城市试点工作的通知》,分两批对北京、上海等8个省(区、市)和天津、重庆等34个城市开展了低碳试点工作,取得良好成效。

2010年,交通运输部启动了"车、船、路、港"千家企业低碳交通运输专项行动,鼓励引导大型运输企业节能减排。

2011年,交通运输部发布了《建设绿色低碳交通运输体系试点工作方案》,分两批对北京、天津等26个城市开展低碳交通运输体系建设试点,取得良好效果。

五、道路运输行业低碳发展中存在的问题

通过对国内外道路运输行业低碳发展现状的调研分析显示,我国和国外发达国家在道路运输行业低碳发展方面都采取了一系列的政策措施,主要集中在发布相关政策文件、设立资金补贴、开展强制性要求、进行试点示范等方面。我国道路运输行业的低碳发展,在国家出台的系列政策措施的支持下取得了明显成效,但从总体上看,"低碳"概念仍处于起步阶段,我国道路运输行业在低碳发展中仍然存在着一些问题。

1. 道路运输行业低碳发展的相关政策法规体系仍不健全

虽然我国在低碳发展中已经出台了很多相关的支持政策措施,对道路运输行业低碳发展

起到了十分重要的作用,但我国低碳交通的发展时间较短,法律法规体系仍不够健全和完善,现有政策法规基本以强制性制度要求和鼓励性的宣传推广为主,缺乏市场化和金融化的辅助政策,难以完全支撑低碳交通的良好发展和运作。另外,道路运输行业低碳发展必然涉及大量资金和新技术的投入,目前尚未建立较为明确和具体的资金补助政策,造成低碳发展难以持续。

2.道路运输行业低碳发展的数据统计监测体系仍较薄弱

道路运输行业的主要用能设备是营运车辆,属移动源排放。和建筑、能源等固定源排放相比,营运车辆的能耗和碳排放量统计监测体系仍未完全建立,造成了行业低碳发展的底数不清、要求不明,实际使用过程中的碳排放量难以核算等问题。

3.道路运输行业低碳发展的路径尚不清晰

道路运输行业的低碳发展涉及面广、影响因素多,如何有效开展节能低碳成为当前行业关注的问题。在当前各地低碳发展处于起步阶段,政策措施又相对单一的背景下,道路运输行业低碳发展的具体路径仍不清晰,难以指导具体工作的开展。

第二章 道路运输行业低碳发展的特点和实现路径

本章主要针对道路运输行业低碳发展的特点和实现路径开展研究,包括道路运输行业碳排放特点和核算边界、相关基本理论、实现路径三个方面,着重梳理了道路运输行业碳排放相关的外部性理论、环境产权理论和稀缺性理论;并分别从制度层面、市场层面和技术层面阐述了道路运输行业低碳发展的实现路径。

第一节 道路运输行业碳排放特点及核算边界

一、道路运输行业碳排放影响因素和特点

交通运输行业的轨道、港口、航空等领域均有相对较好的能耗统计基础,因为此类行业以公营运输为主。道路运输行业中的客运企业公营的居多,因此车辆能耗统计基础也相对较好,但货运企业"小、散、乱"现象普遍,能耗统计十分困难。且在营运车辆中,货运车辆数量占绝大多数,是道路运输行业的能耗主体。

道路运输行业低碳发展的本质是通过运输结构的调整、运输方式的变革、节能低碳技术的应用等,驱动行业绿色发展,促进能源的高效利用和资源的优化配置。道路运输行业能耗和碳排放涉及"人、车、路"等多个因素,具有自己鲜明的行业特点。要了解道路运输行业碳排放特点,需先对道路运输行业碳排放因素进行分析。

1. 道路运输行业碳排放影响因素

影响道路运输行业碳排放的因素主要包括:国民经济发展情况、营运车辆车型构成、运输量、运输结构、驾驶员等。

(1)国民经济发展情况

国民经济的快速发展,带动了道路运输需求的快速增加,道路运输行业是服务性行业,需要满足整个社会对人和物的运输需求,保障国民经济的发展及社会的正常运行。同时,国民经济的增长又进一步提高了道路运输行业的运输需求。因此,国民经济的快速繁荣发展决定了运输需求的不断扩大,而运输需求的扩大又不可避免地带来车辆碳排放量的增长。道路运输行业的碳排放量与国民经济间接相关。

(2)营运车辆车型构成

营运车辆是道路运输行业的主要用能设备,目前行业内应用的车型种类繁多,能效各异。客车车型虽相对集中,但车型数量仍然较多,货车车型更是较为分散,车型数量超过1000种。开展运输服务时所采用的车型也会在较大程度上影响碳排放量。

(3)运输量

道路运输活动的频繁发生带动了道路运输装备总量和使用频率的不断增加,运输量则是道路运输行业的主要产出之一,也是将营运车辆作为生产工具进行的一项生产活动成果。运输量的变化带来较为明显的碳排放量变化。

(4)运输结构

公路、水路、铁路等不同运输方式的单位周转量碳排放强度差异明显,相比铁路和水路,道路运输行业的单位周转量碳排放强度明显偏高,但由于道路运输"门到门"、机动灵活的特点,目前道路运输仍是运输量完成的主体。随着国家"运输结构调整"工作的持续突进,在一定程度上可能降低道路运输行业的碳排放量。

(5)驾驶员

驾驶员对车辆的驾驶行为,对车辆的燃油经济性有明显影响,也将进一步影响碳排放量。

2. 道路运输行业碳排放的主要特点

由于道路运输行业具有明显的行业属性,碳排放源与其他行业相比具有明显的差异,结合影响因素,其碳排放有自身特点。

(1)行业能耗和碳排放量统计基础薄弱

与电力行业主要以处于头部的几家大型电力公司为主不同,道路运输行业属于一个完全竞争市场。公路客运企业规模普遍不大,货运企业多年以来"小、散、乱"的特征依然存在。企业规模小,数量多,给行业的能耗和碳排放量统计带来了较大困难,目前尚未建立成熟完善的统计体系。但货运行业2021年共完成营业性货运量521.60亿吨,增长12.3%;完成货物周转量218181.32亿吨·公里,增长10.9%,持续仍保持增长态势。货运行业的能源消耗在交通运输行业中占比较大,需要重点关注。

(2)移动源排放监测核算存在困难

与能源、建筑、电力行业固定源排放不同,道路运输行业营运车辆属移动源排放,其在具体使用过程中的碳排放监测存在区域边界难界定、实际排放难监测的问题。

(3)营运车辆实际碳排放情况受工况影响较大

为满足不同的运输需求,目前行业内在用的营运车辆车型复杂繁多,交通运输行业2016年发布了《营运客车燃料消耗量限值及测量方法》(JT/T 711—2016)和《营运货车燃料消耗量限值及测量方法》(JT/T 719—2016),如图2-1所示。上述两标准分别将客运车辆按照车身长度划分车辆类型,主要分布在6~12m之间;货运车辆则主要包含货车单车、自卸车、混凝土搅拌车、半挂牵引车、危化品运输车等,并在每类车辆中以总质量作为车型分段的标准,主要分布在3500~49000kg之间。

不同车型、不同分段之间的车辆油耗和碳排放强度差异较大,如表2-1和表2-2所示。此外,营运车辆的燃油经济性受工况影响明显,同一种车型在不同的运行工况下,其燃料消耗量和碳排放量也存在很大差异。

此外,在交通运输行业节能低碳技术的研发与推广方面,交通运输行业管理部门历来重视节能低碳工作的开展,分别在节能产品和节能技术方面,开展了一系列专项行动。

在重点节能产品推选方面,自"八五"开始,交通部组织开展了"全国重点推广在用车船节能产品(技术)"推选专项活动,每两年公布一次,由当时设置在交通部政策法规司(现法制司)的交通运输部节能减排与应对气候变化工作办公室负责组织。截至"十二五"末,共开展十次推选活动,评选出重点推广在用车船节能产品(技术)200余项,如图2-2所示。

图2-1 交通运输行业标准JT/T 711和JT/T 719

不同车型分段的燃料消耗量差异(按车长分)   表2-1

车　　型	车长 L(m)	第三阶段(L/100km)		第四阶段(L/100km)	
		高级车	中级及普通级车	高级车	中级及普通级车
特大型车	L>12	31.0	29.0	28.8	27.0
大型车	11<L≤12	28.4	36.5	26.4	24.6
	10<L≤11	26.0	24.3	24.2	22.6
	9<L≤10	24.5	20.9	22.8	19.4
中型车	8<L≤9	21.3	18.4	19.8	17.1
	7<L≤8	19.0	16.4	17.7	15.3
	6<L≤7	16.1	15.1	15.0	14.0
小型车	L≤6	15.3	13.9	14.2	12.9

注:对于新申请车型配置,自标准发布之日起6个月后开始实施第三阶段限值,18个月后开始实施第四阶段限值。

"全国重点推广在用车船节能产品(技术)推选"专项活动主要产品范围包括车船用添加剂、润滑油及后装的节能装置。

其评选方式为:

①节能产品生产企业(行业外企业)自愿申请。

②各省级交通运输主管部门签署推选意见后报交通运输行业主管部门。

③各省级交通运输主管部门对同意推选的产品进行抽样,封样后由申报单位送符合资质

要求的第三方检测机构开展节能效果检测试验。

④第三方机构按照交通行业标准《汽车节油技术评定方法》(GB/T 14951—2007)对汽车节能产品(技术)进行检测,出具"检验报告",报交通运输行业主管部门。

⑤交通运输部通过初审、组织专家复审,评选出符合条件的节能产品,形成全国重点推广在用车船节能产品目录。

不同车型分段的燃料消耗量差异(按车辆总质量分)　　　　表2-2

车辆总质量 T(kg)	第三阶段(L/100km)	第四阶段(L/100km)
3500 < T ≤ 4500	15.2	14.1
4500 < T ≤ 7000	17.8	16.6
7000 < T ≤ 9000	21.1	19.6
9000 < T ≤ 12000	24.4	22.7
12000 < T ≤ 18000	27.0	25.1
18000 < T ≤ 20000	32.5	30.2
20000 < T ≤ 25000	35.9	33.4
25000 < T ≤ 31000	38.9	36.2

注:1. 对于新申请车型配置,自标准发布之日起6个月后开始实施第三阶段限值,18个月后开始实施第四阶段限值;
2. 对于三轴车,驱动轴为每轴每侧双轮胎且装备空气悬架车辆,总质量最大限值为26000kg;
3. 对于四轴车,驱动轴为每轴每侧双轮胎且装备空气悬架车辆,总质量最大限值为32000kg。

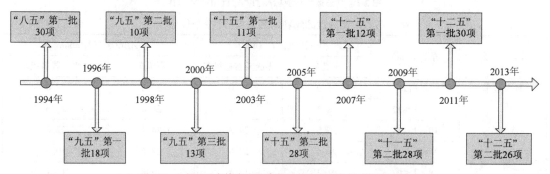

图2-2 "全国重点推广在用车船节能产品(技术)推选"进程

其推广方式为:

①以文件形式在部网站公布《全国重点推广在用车船节能产品目录》,目录中包含了产品名称、公布证号、应用范围、生产或经销单位及名称、法人代表及电话、联系人及电话、地址及邮编等多项内容。一方面让有意购买重点推广节能产品(技术)的企业或个人更好地了解产品的应用范围。另一方面通过对节能产品生产或经销单位的介绍及联系方式的公布,方便有意购买节能产品(技术)的企业或个人联系,减少了中间环节,提高了推广效率。

②对推选出来的节能产品(技术)颁发"汽车船舶节能产品(技术)公布证根据交通运输部颁发的《汽车、船舶节能产品公布规则》及其《实施细则》的规定,由交通运输部节能减排与应对气候变化工作办公室对推选出来的节能产品(技术)颁发"汽车船舶节能产品(技术)公布

证"并规定在一定时期内进行复测和办理复检手续。若逾期未按规定进行复测和办理的,其"公布证书"将予以废止。这一方式一方面作为对拥有节能产品(技术)单位的奖励,对其节能产品(技术)的肯定,从而鼓励该单位继续在节能产品(技术)的研发上投入精力,得到更为出色的成果;另一方面,公布证书作为保障,可令消费者更加信任节能产品(技术),且节能产品(技术)需在一定时期内进行复测和办理复检手续的规定也保障了节能产品(技术)后期的一系列相关工作。

此项活动有效引导了交通运输企业采用节能的新工艺、新技术、新设备、新材料,降低企业成本,提高企业经济效益。对提高交通运输行业车船能源利用率;推广应用节能产品,限制高耗、低效产品进入交通运输市场起到了积极的作用。

在重点节能低碳技术的推广应用方面,交通运输部自2007年起开展了"交通运输节能减排示范项目"推选专项活动,每年一次,每次20项,由交通运输部政策法规司(现法制司)负责组织。截至2012年,推出五批共100个示范项目。在此基础上,为贯彻落实《加快推进绿色循环低碳交通运输发展指导意见》,加快建立绿色低碳交通运输体系,2013年起,交通运输部在行业继续开展绿色循环低碳示范项目评选活动,共公布了30个部级绿色循环低碳示范项目。"十三五"期间,为进一步推进交通运输行业的绿色低碳发展,交通运输部分别在2016年、2019年和2021年,分三批公布了《交通运输行业重点节能低碳技术推广目录》,由交通运输部综合规划司负责组织开展,截至目前,目录已涵盖重点节能低碳技术超过100项。重点节能低碳技术推广应用专项活动开展进程如图2-3所示。

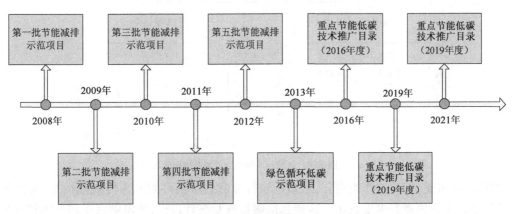

图2-3 重点节能低碳技术推广应用专项活动开展进程

重点节能低碳技术推广应用专项活动推选范围包括交通运输企业在生产过程中研发使用的节能新技术(管理创新、技术研发、工艺优化等)。

其评选方式为:
①节能技术研发应用企业(行业内企业)自愿申请。
②交通运输部组织行业节能减排专家库专家进行网上初评。
③交通运输部组织专家组对初评通过的项目进行实地核查。
④根据实地核查情况,评选出节能效果明显、适用性强的节能减排技术列入示范项目或目录。

其推广方式为:

①以文件形式在部网站公布各批《交通运输节能减排示范项目》,号召广大交通运输企业学习项目先进经验,推进节能减排。

②根据示范项目实施情况,编写《交通运输节能减排示范项目经验材料》,分发各省(区、市)交通主管部门,进行宣传推广。

③为示范项目实施单位颁发铜牌或证书。

④利用《交通节能与环保》杂志,刊登示范项目经验材料。

通过交通运输部一系列专项行动的开展,交通运输行业内涌现了一大批先进适用的节能低碳技术,在其研发与推广方面已经有了一定的基础。

二、道路运输行业碳排放核算边界

按照当前国家发展和改革委员会、生态环境部对各行业开展碳达峰、碳中和工作中碳排放的核算要求,交通运输领域的碳排放核算仅涵盖交通运输行业的主要用能装备,交通运输企业的日常办公用能,生活用电力、热力等均计入其他行业。且在用能装备耗能方面仅计算直接排放,间接排放不纳入统计范围。**本书在研究中保持与国家碳达峰、碳中和工作的核算要求一致,主要针对道路运输行业的主要用能装备,即营运车辆的直接碳排放情况开展研究。**

道路运输行业营运车辆动力类型及应用领域分类情况如图2-4所示。

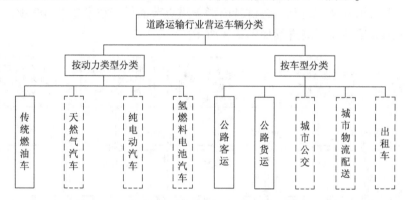

图2-4 道路运输行业营运车辆动力类型及应用领域分类

由图2-4可见,按动力类型划分,道路运输行业营运车辆可划分为传统燃油车、天然气汽车、纯电动汽车和氢燃料电池汽车。按照当前碳排放量统计口径,纯电动汽车和氢燃料汽车在运行过程中可以做到零排放,即直接碳排放量为零。天然气汽车目前在行业内的保有量在整体营运车辆保有量中的占比很小,约为5%,对行业总体碳排放总量估计的影响很小,因此,本研究也暂不将天然气汽车考虑在内。

按应用领域划分,道路运输行业营运车辆主要可分为公路客运(包含班线客运及旅游客运)、公路货运、城市公交、城市物流配送和出租车。根据当前车辆技术发展情况,受纯电动汽车续驶里程和氢燃料汽车加氢站建设等限制,公路客运和公路货运车辆基本为传统燃油车。而在城市公交、城市物流配送和出租车领域,纯电动汽车和氢燃料汽车的技术发展水平能够较好满足应用需求,且目前国家和交通运输行业均在推动城市公共交通的100%电动化,之后不会再有直接的碳排放量。因此,本书暂不将此三类车辆考虑在内。

综合以上,可以得到本书中碳排放量的核算边界,具体如下:

(1)本书所指道路运输行业碳排放主要针对营运车辆碳排放量,暂不考虑其他日常办公用能、生活用电力、热力等的碳排放量。

(2)本书主要针对公路客运和公路货运领域的传统燃油车辆,暂不考虑其他领域及其他动力类型车辆。

第二节 道路运输行业碳排放的相关基本理论

一、外部性理论

外部性的概念由新古典经济学之父马歇尔首先提出,最初主要关注经济环境对企业经营活动产生的作用。庇古进一步延伸了外部性的概念,将企业互动对外界环境的影响涵盖在内,并增加了"外部不经济"的概念和内容。外部性可以由式(2-1)表示。

$$V_i = V_i(x_{1i}, x_{2i}, x_{3i}, \cdots, x_{ni}, x_{mk}) \quad i \neq k \tag{2-1}$$

式中:V_i——生产活动中 V 的收益;

x_i——个体 i 的生产活动;

x_{mk}——个体 k 所从事的 x_m 种经济活动。

由式(2-1)可知,生产活动中 V 的收益不仅受到 x_i 的影响,还受到 x_k 的影响,这时就出现了外部性。外部性可被分为正外部性和负外部性。其中正外部性也称为外部经济,指个体的活动使另外的人或个体受益,但无法向后者收费。负外部性则被称为"外部不经济",指个体的活动使另外的人或个体蒙受损失,但又无法获取补偿。

当"外部不经济性"存在时,仅靠市场机制无法完全进行自我调节,需要通过政府调节的手段,设立相应机制,实现社会福利最大化。

负外部性的存在会造成社会整体福利的损失。在道路运输领域,当不考虑碳排放所带来的外部性时,可假设市场上的供求均衡点为点 G,对应的市场产量为此时的均衡产量 Q。当考虑碳排放带来的外部性时,企业需要额外支付碳排放权带来的相关成本,使得企业的供给线由 L 上升到了 L',上升的部分即为碳排放权的购买成本。此时,相应产品的均衡价格也由 P 点上升到 P' 点,具体如图 2-5 所示。

由图 2-5 可知,当负外部性存在时,如果没有政府设定相应的干预机制,企业作为市场产品的生产和供给者,为保障其产量,不会主动考虑碳排放造成的成本。此时市场的均衡价格并没有反映负外部性所带来的社会成本。因此,会造成由于负外部性存在带来的社会成本损失。

为解决这一问题,庇古建议对负外部性产品进行征税,当"边际私人净产值"与"边际社会净产值"背离时,仅靠市场无法实现资源最优配置,应由政府采用一定手段进行调控。通过征税或购买的方式,使外部性成本转换为可供交易的内部性成本。仍以道路运输领域为例,若运输企业的供给线为 L,市场需求为 D,供求均衡点为 G,对应的价格为 P,市场产量为 Q。通过税收或购买的方式,使其付出的成本等于外部性成本,则供给线 L 上移至 L',产品价格上升至 P'。通过税收或购买的方式,可以有效实现降碳。对于低排放企业,可以通过补贴或出售碳排放权的方式,使企业的供给线由 L 下降至 L'',产品价格下降至 P'',产量增加至 Q''。如图 2-6 所示。

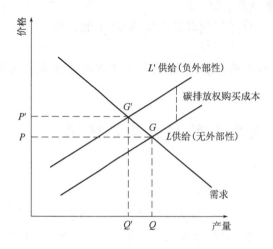
图2-5 负外部性对市场经济的影响情况

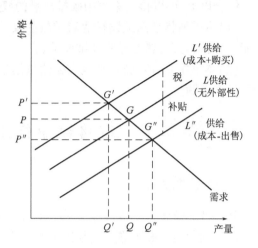
图2-6 补贴或购买对碳排放企业的调节作用

二、环境产权理论

产权是经济学的经典概念,其含义是指主体对合法财产的所有权,这种所有权表现为对财产的占有、使用、收益和处分。产权不仅仅是一种经济品的所属权,更是一种制度规则。而在产权的概念范畴内,环境产权则是近年来兴起的一个较新的概念。环境产权是指行为主体对某一环境资源具有的所有、使用、占有及收益等各种权利的集合。环境产权的界定要求对维持生态系统的平衡做出标准化规范,用以告诫和约束人们应拥有与遵循的环境质量准则,尽量避免或减少由污染所致的人类健康损失及由内部经济性行为导致的外部不经济性。由于空气、环境等典型的共有属性,环境产权具有稀缺性,但其稀缺性是建立在整体基础上,产权归属并不清晰。

为解决环境产权的外部性问题,1937年,英国经济学家科斯首次系统提出了现代西方产权理论。科斯的产权理论认为,可以用市场交易的手段解决外部性的问题。但这种市场交易的前提是制度安排,在建立规范的制度要求后,通过权利的交易达到社会总商品的最大化。因此,完善产权制度,对人口、资源、环境和经济的协调与可持续发展具有重要的意义,对资源的开发和利用具有重要的保护作用。具体到碳排放,则可起到国家宏观调控碳排放权的保障作用。因此,建立碳排放权交易市场是产权制度的客观要求,产权交易的结果最终将引导碳排放权向单位碳排放生产效率最高的地区或部门,流向能够为国家和社会创造更多财富的排放主体。

三、稀缺性理论

在经济学意义中,稀缺性是指资源的相对有限性。所谓的有限,并非指资源的不可再生或者可以耗尽,也并不对应资源的多少。稀缺性是指在一定时期内,资源的需求量大于资源的供给量。总体上,稀缺性有如下特点:

(1)稀缺的相对性。所谓的稀缺性是相对稀缺,是对应于人类无限的需求而言的。针对碳排放,全球环境中可容纳的碳排放总量是一定的,但人类在生产生活中所需的能源消耗则会带来相应的碳排放量,人类社会的进步和对生活水平提高的需求使得能源消耗量越来越大,也就造成了碳排放权的相对稀缺性。

(2)稀缺的差异性。全球存在着地域环境差异和资源分布不均的现象,因此,在不同地区,同一资源的稀缺程度是有差异的,这就是稀缺的差异性。对于碳排放权来说,经济相对不发达的地区,对能源消耗和碳排放量的需求就相对小,因此,其碳排放资源的稀缺程度相比经济发达地区较低。

(3)稀缺的绝对性。虽然稀缺存在相对性和差异性,但人民对社会发展和生活水平提高的需求却是普遍存在的,因此,自人类社会诞生以来,对某种资源的需求就一直存在,也就造成了稀缺的绝对存在。此外,大自然为人类提供的所有资源都是有限的,这也从另一个方面说明了稀缺的绝对性。

(4)稀缺的变动性。稀缺不仅对不同地区存在差异,在同一地区,由于经济发展水平不同,对资源的需求程度也存在变化。相比发达国家,我国属于发展中国家,但我国的经济增速处于世界前列,因此,对能源和资源的需求程度也就更高,在碳排放容量一定的情况下,需求越高,稀缺性越大,这就是稀缺的变动性。

对于道路运输行业,其主要用能设备为营运车辆,主要经营模式为运输服务,车辆的行驶必将带来碳排放。在碳达峰碳中和背景下,道路运输行业的碳排放总量被控制,因此,碳排放权的稀缺性表现明显。碳排放的基本理论完全适用于道路运输行业,这也为道路运输行业低碳路径的实现奠定了扎实的理论基础。

第三节 道路运输行业节能低碳技术发展方向

道路运输行业的节能低碳技术主要包括车辆的能效提升、新能源汽车装备替代、运输组织模式优化、运输结构调整、人员节能降碳培训等方面。其中道路运输车辆是行业的重点用能设备,是能耗和碳排放的主要产生源,同时也是行业节能降碳技术较为复杂、潜力最大的领域。因此,本书主要围绕车辆的节能降碳技术展开论述。

一、我国道路运输行业车辆保有量情况

交通运输行业作为我国重点的能源消耗和碳排放行业之一,正面临严峻的节能降碳要求。而道路运输行业碳排放量在整个交通运输行业中的占比超过50%,其中主要用能设备为道路运输车辆。截至2021年,我国拥有公路营运汽车1231.96万辆,比2020年末增长5.2%。分结构看,拥有载客汽车58.70万辆、1751.03万客位,分别下降4.2%和4.9%;拥有载货汽车1173.26万辆、17099.50万吨位,分别增长5.7%和8.3%,其中,普通货车406.94万辆、4923.43万吨位,分别下降1.7%和增长5.6%,专用货车60.39万辆、718.76万吨位,分别增长19.2%和20.5%,牵引车346.68万辆、增长11.5%,挂车359.25万辆、增长7.4%。具体如图2-7所示。

截至2021年,我国拥有城市公共汽电车70.94万辆,比2020年末增长0.7%。其中纯电动车41.95万辆、增长10.8%,占整个城市公共汽电车比重为59.1%、提高5.4个百分点。拥有城市轨道交通配属车辆5.73万辆、增长15.9%。拥有巡游出租汽车139.13万辆,下降

0.2%。具体如图2-8所示。

图2-7 2016—2021年全国载货汽车拥有量(资料来源于《2021年交通运输行业发展统计公报》)

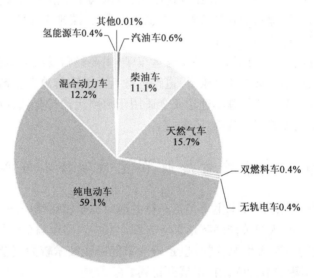

图2-8 2021年不同燃料类型的公共汽电车(资料来源于《2021年交通运输行业发展统计公报》)

为应对日益严峻的能源和环境压力,道路运输车辆将不断提升传统动力、混合动力、整车节能技术研发和应用能力,践行绿色、低碳发展。

二、道路运输领域节能低碳技术发展方向

目前,我国大部分营运车辆是国产汽车,百公里油耗比发达国家高15%~20%,国内不同汽车生产的同类型车辆的燃油消耗量也相差10%以上,因此我国道路运输车辆的节能潜力很大。下一阶段的重点是加快推动交通领域"以电代油",加快电动汽车产业发展,提升传统燃油车辆节能减排,促进行业绿色低碳发展。

1. 加快新能源汽车发展与应用

在节能减排的大目标下,发展新能源汽车,是全世界汽车行业的共同目标。新能源汽车是综合了车辆的动力控制和驱动方面的先进技术,具有新技术、新结构的汽车。新能源汽车主要包括纯电动汽车、增程式电动汽车、混合动力汽车、燃料电池电动汽车等。

目前,电动汽车替代燃油车条件具备,2019年纯电动乘用车平均续航里程已达到361.9km,电耗下降到14.6 kW·h/100km,锂电池成本快速下降,预计到2025年实现电动汽车与燃油汽车"油电平价"。法国、英国、美国等都已纷纷制定燃油车退出计划,即将陆续禁售燃油车,以减少公路运输的二氧化碳和污染物排放。我国新能源汽车产业发展全球领先,新技术和商业模式不断涌现,市场竞争力较强,具备发展电动汽车产业优势。

2015年10月,我国发布了《〈中国制造2025〉重点领域技术创新路线图绿皮书》,总体上指明了节能汽车、新能源汽车的发展方向和路径。2016年,中国汽车工程学会发布的《节能与新能源汽车的技术路线图》。

(1)纯电动汽车

制定了纯电动汽车的发展目标及技术路线见如表2-3所示。

纯电动汽车整车发展目标及技术路线   表2-3

发展目标	技术路线	发展重点
纯电动乘用车续驶里程: (1)2020年300km (2)2025年400km (3)2030年500km 公交客车单位载质量电耗水平(kW·h/100km·t): (1)2020年3.5 (2)2025年3.2 (3)2030年3.0	纯电动汽车: (1)提高动力电池能量密度 (2)提高电驱动系统效率 (3)底盘电动专用化 充电基础设施: (1)快速充电技术 (2)互联互通技术 (3)充电便利性	(1)低成本、高效率混合动力总成开发技术 (2)动力电机与底盘集成技术 (3)纯电动汽车动力系统集成及其控制技术 (4)高性能动力电机技术 (5)新型电机控制技术 (6)先进充电技术 (7)整车能量管理技术 (8)纯电动和插电式混合动力汽车整车控制技术

注:资料来源于《节能与新能源汽车的技术路线图》。

到2025年,纯电动汽车产品综合性能达到国际先进水平,新型锂离子动力电池得到批量应用,轻量化技术进一步提升。乘用车以发展中型及以下车型为主,实现先进驱动方式(包括集中式和驱动式),续驶里程400km左右,典型的小型纯电动乘用车(整备质量1200kg)法规工况在2020年基础上降低10%,以典型纯电动A0级整车为例,整车质量降至1150kg以下,综合况续驶里程40km在右,电耗小于11kW·h/100km;公交客车法规工况整车电耗小于3.2 kW·h/(100km·t)。

到2030年,纯电动汽车产品综合性能持续保持国际先进水平,应用新电池体系,实现高效、高性能驱动方式。续驶里程达到500km左右,在乘用车和短途商用车上实现大批量应用。乘用车典型小型纯电动汽车(整备质量1200kg)法规工况在2020年基础上降低10%,A0级纯电动乘用车整车整备质量降至900kg以下,综合工况续驶里程达到500km(使用新体系电池),法规工况电耗小于10 kW·h/100km;公交客车小于3.0W·h/(100km·t)。

(2)燃料电池汽车

燃料电池车辆的整车技术路线主要分为两种:一种是搭载小型动力电池的全功率型,另一种是搭载大型可充电动力电池的氢电混合型。

全功率型的动力电池无需外接充电,动力电池主要在车辆急加速、爬坡、启动阶段提供动力,该结构中车用动力全部来源于燃料电池,因此对电池堆要求较为苛刻。氢电混合型燃料电池车集合了燃料电池车及纯电动车的优点,技术要求相对较低,是在原有电动车的基础上加装燃料电池,目前国内应用较多,随着国内燃料电池车辆技术的提升,未来将逐步向全功率型整车技术过渡。

2016年,中国汽车工程学会发布的《节能与新能源汽车技术发展路线图》中,对燃料电池车辆总体发展、营运车辆及技术发展的目标进行了规划,如表2-4所示。

我国燃料电池营运车辆发展目标　　　　　　　　表2-4

时间	营运车辆燃料电池堆技术目标	营运车辆整车技术发展目标
2020年	额定功率60kW,寿命10000h,冷启动-20℃,材料成本5000元/kW	续驶里程500km,小功率燃料电池+大容量动力电池,成本与纯电动车水平相当
2025年	额定功率100kW,寿命20000h,冷启动-30℃,材料成本2000元/kW	续驶里程600km,大功率燃料电池+小容量动力电池,成本与混合动力车水平相当
2030年	额定功率150kW,寿命30000h,冷启动-40℃,材料成本600元/kW	续驶里程>600km,大功率燃料电池+小容量动力电池,成本与传统燃油车水平相当

注:资料来源于《节能与新能源汽车的技术路线图》。

我国总体发展路径是利用15年左右的时间,通过开展技术研发、示范应用和区域推广,掌握燃料电池车辆的整车设计与动力系统集成技术,构建包括燃料电池堆及关键材料、燃料电池系统及核心部件、氢燃料电池汽车及关键零部件、氢能供应基础设施在内的完整的技术链和产业链,实现构建面向未来的清洁、低碳、高效氢燃料电池汽车研发和应用体系的整体发展目标。

到2025年,燃料电池营运车辆系统性能持续提升,电池堆成本接近商业化指标要求,整车成本持续下降,实现大规模推广应用。在这一阶段,通过提升燃料电池系统额定功率、优化动力系统能量管理策略,逐步提升燃料电池系统及整车性能,使其动力性、经济型、耐久性、环境适应性及成本均逐步改善,整车与传统燃油车寿命相当。通过关键材料及部件的开发及批量应用验证,将电池堆成本减低到500元/kW。同时开展高耐受性关键材料及部件的开发验证,研究高效电池堆水管理技术,以进一步提升电池堆寿命。在整车技术路线上,提高燃料电池功率,以大功率燃料电池与中等容量动力电池的电电混合为特征,整车成本达到与混合动力车辆相当的水平,实现燃料电池汽车应用规模达到5万辆,建设以可再生能源为主的氢能供应体系。

2030年为燃料电池营运车辆全面达到产业化要求的关键节点。在这一阶段,通过150kW级高功率燃料电池系统的应用,动力系统可靠性超过传统燃油车。在整车技术路线上,以全功率燃料电池为动力特征,汽车动力性、经济性、耐久性、环境适应性及成本等五方面的关键指标达到产业化要求。通过车辆的量产,提升整车性能,降低成本,达到全面产业化指标要求。

2. 加快传统燃油车辆节能减排技术发展与应用

(1)提高发动机热效率

电控技术在汽车上的应用给内燃机带来了历史性的变革。汽油发动机采用缸内直接喷射电子技术可以降低10%左右的燃料消耗,而柴油发动机采用电子控制的共轨技术热效率可达到45%,能有效地降低燃料消耗量。

(2)车身轻量化

减小汽车自身质量是汽车降低油耗、减少排放的最有效措施之一。一般而言,自重减轻

10%,可降低油耗约8%。因此要开发和应用铝合金、镁合金、高强度钢、车用塑料等新型材料,大大减轻车体的自重。

(3)降低附属设施设备能耗

降低附属设备能耗同样是汽车节能技术的一个重要组成部分。如使用汽车空调要消耗10%~12%的发动机功率,增加10%~20%的油耗,采用新型高效压缩机取代传统往复活塞式压缩机,可取得节能30%的效果。

(4)回收利用制动能量

开发、利用储能系统来吸收或释放汽车制动能,使发动机在最佳经济区域内工作,这种混合动力系统可降低汽车油耗10%~50%。

(5)降低行驶阻力

汽车在道路上行驶的阻力包括滚动阻力和空气阻力。研究表明,汽车以一般车速行驶时,20%~30%的发动机功率消耗在空气阻力上,而空气阻力与车辆的外形密切相关。据分析,流线型造型可以有效减小汽车行驶中的空气阻力。此外,车轮的滚动阻力除了与道路条件有关外,主要与车体质量、轮胎结构有关。据统计,30%~40%的发动机功率消耗在轮胎的滚动阻力上。子午线轮胎是一种新型节能轮胎,它的滚动阻力系统比普通的斜交轮胎小20%~30%,使用子午线轮胎可节省3%~8%的燃油。目前,轮胎的发展方向是高气压化,胎压的提高可进一步降低车辆油耗。

(6)整车动力和传动系统匹配

对汽车与发动机根据不同使用环境条件进行优化匹配,可使汽车在相应的运输环境下具有良好的技术性能。首先,发动机的功率应与整车质量匹配,避免"大马拉小车"或"小马拉大车"导致车辆行驶油耗的上升;其次,要优化车辆行驶性能,应提高其经济车速等。

第四节 道路运输行业低碳发展的实现路径

对于如何实现一个行业的低碳发展,纵观世界各国经验,均呈现"制度与技术并举、政府与市场协同"的发展路径体系。因此,要实现我国道路运输行业的低碳化发展,也要分别从制度和技术两个方面展开分析,同时考虑强制性与鼓励性两个方向,促使我国道路运输行业的低碳化制度进一步完善,低碳发展技术逐步趋于成熟,才能最终实现道路运输行业的低碳化发展。

在分析了低碳化路径的一般规律之后,具体到道路运输行业,着重从制度与政策、市场、技术等三个方面,设计了道路运输行业低碳化发展路径。具体如图2-9所示。

一、制度层面

道路运输行业低碳发展,制度层面主要包括两个方面的内容。

一是出台强制性政策,即政府管制。道路运输行业的碳排放具有典型的外部性特征,仅仅依靠市场的自身调节手段会出现市场失灵的现象,造成资源不能得到最优配置。强制性低碳政策就是交通运输主管部门通过制定相关法规政策标准,以行政管制的方式对道路运输企业的经营活动进行监管,对碳排放总量进行限定。强制性政策在国际上也是传统的、占据主导地位的政策工具。在低碳发展初期,由于市场机制尚未被完善地建立起来,强制性政策因确定性强,容易实施和操作等优势,容易在行业内快速推行。针对道路运输行业,强制性政策主要指的是结合当前行业现状和发展趋势分析,设定合适的行业碳排放总量目标,并基于各地行业规模情况,将行业碳排放总量合理分配至各个省份。通过制定相应强制性政策法规标准,要求各地遵照执行。

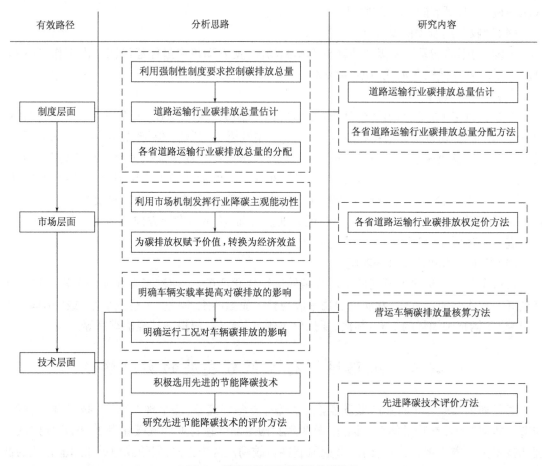

图 2-9 道路运输行业低碳化发展路径

二是出台鼓励性政策。强制性政策确定性强,能够在行业内强制施行。但往往强制性政策的实施可能会以牺牲行业的发展速度为代价。尤其在碳排放方面,对碳排放总量的限制可能会造成用能设备使用量的减少。因此,出台与强制性政策相配套的鼓励性政策,通过碳排放的交易机制、金融机制,充分发挥市场手段,使降低的碳排放量可以转换为经济效益,充分发挥运输企业的主动性。

二、市场层面

市场层面的道路运输行业低碳发展路径,主要是基于以市场机制为核心的鼓励性政策,通过一定的方式为碳资产赋予金融属性。如探索建立碳交易相关机制,探索建立碳金融、碳税等相关制度,让运输企业降低的碳排放量能够通过一定的机制与金融属性挂钩。而几乎所有与市场层面相关的低碳发展路径,都离不开对碳排放权的合理定价。

三、技术层面

技术层面的道路运输行业低碳发展主要包括两个方面的内容。

一是营运车辆在实际使用过程中的碳排放量核算技术,通过研究提出适合当前道路运输行业车辆运行工况的碳排放量核算方法,摸清营运车辆在实际使用过程中的碳排放情况,分析车辆实载率、车辆运行工况中交通拥堵情况、气温情况和道路情况等对碳排放的影响程度,鼓励运输企业通过先进的运输组织和运输结构调整,提高车辆实载率,进而提高道路运输工具的能源使用效率,以同等数量的燃料,实现更多的运输能力。鼓励运输企业通过科学规划车辆运行路线,找到更适应车辆燃油经济性曲线区间的运输工况,在完成相同运输周转量的情况下,耗费更少的燃料。

二是运输企业在实际生产运营中,科学选用先进的节能低碳技术。利用技术改造和技术创新,在不影响企业正常运营前提下,取得符合企业实际的节能低碳效果。在国家和交通运输行业对节能低碳技术研发和应用的持续鼓励支持下,当前道路运输行业已经涌现出了大批优秀的节能低碳技术,但当前节能低碳技术的评价方法和评价体系仍不成熟,导致企业难以在众多的技术中科学选出并应用符合自身实际要求,节能低碳效果良好的技术。因此,在节能低碳技术应用层面,本书主要探讨技术评价方法相关内容。

第三章 道路运输行业碳排放权总量估计方法

第一节 碳排放权总量估计方法研究现状

一、国际碳排放权的总量估计

Bhringer. C 等的分析表明,当对行业的碳排放权总量设计过大或过小时,将对外部门产生一些负面的影响。Ellerman. D 等基于前两年的实际排放和预估总量的数值对比进行分析,认为对总量的估计过于宽松,导致了碳排放量的过度分配,降低了强制性政策对降碳力度的约束性。Anderson. B 等利用历史工业排放数据对排放总量进行预估,通过动态面板数据模型,发现对欧盟各国的总量估计存在一定的分配不足,导致降碳要求对国内经济产生了较大压力。

在总量估计的影响因素方面,Lecourt. S 等针对欧洲第三阶段的碳排放密集型行业的总量估计和排放绩效基准开展了研究,明确了不同规则对碳排放总量估计的影响。Betz. R 等基于欧盟 18 个国家的碳总量分配计划开展研究,分析了原成员国和新加入成员国在碳总量分配上的区别及影响。A. D. Ellerman 等探讨了欧盟排放交易系统的基本情况、并着重讨论了各国排放总量的分配情况、影响因素及遇到的问题。

二、国内碳排放权的总量估计

范振月等以山东省为例,利用 STIRPAT 模型开展了碳排放影响因素及峰值分析,并利用情景分析法进行了排放总量的预测和估计。这一方法较为准确地估计了当前及今后一段时间内,在不同情境下该地区的碳排放总量变化情况,为分配奠定了坚实基础。崔琦等在确定碳排放影响因素的前提下,建立了投入产出模型,并利用多元回归分析结合对各影响因素的分解,对碳排放总量进行了估计。郝园园利用灰色理论,建立了优化改善后的我国碳排放总量及未来发展趋势的估计模型,较为准确地估计了当前的碳排放总量。以上研究使各类碳排放总量的估计方法更为科学。李欢等利用灰色预测分析方法建立了碳排放总量的估计模型,并针对湖南省,开展了当前及今后一段时间的碳排放总量预测。田亚亚等建立了 BP 神经网络模型开展了我国碳排放总量的预测和估计,并利用遗传算法进行了求解。

第二节 碳排放权的总量估计流程确定及模型建立

开展道路运输行业碳排放权的总量估计,主要包括确定行业碳排放的总量估计流程和建立碳排放总量的估计模型两部分内容。

一、道路运输行业碳排放总量估计流程

目前碳排放权的总量核算方法主要包括两类,分别是"自上而下"和"自下而上"。"自上而下"主要指利用国家宏观层面的能源消费情况,向下层层分解至各区域、各行业,核算由各类能源燃料直接消耗所产生的 CO_2 排放总量,进而进行碳排放总量的估计。"自下而上"主要指利用微观层面的具体用能设备、用能企业的能源消耗情况,通过汇总向上递推至各区域、各行业,进行碳排放总量的估计。

具体到道路运输行业,一方面,在我国的能源统计体系中,交通运输行业的能耗总量被纳入交通运输、仓储和邮政业,并未细分至道路运输、水路运输等细分子行业,因此,完全采用"自上而下"的方法难以估计。另一方面,我国道路运输行业的能源监测统计制度尚未建立,具体到每一辆车的能源消耗无从获取,因此,完全采用"自下而上"的方法缺乏数据基础,也难以实现。

但在我国的统计体系中,道路运输的运输量和运输周转量由各省(区、市)逐年统计,因此,如果能够科学划定行业的营运车辆平均碳排放强度,则可以考虑利用平均碳排放强度和运输周转量统计情况,进行行业碳排放总量的估计。

综上分析,道路运输行业碳排放总量核算方法的主要流程为:
(1)确定核算边界;
(2)科学选择碳排放强度指标,确定排放因子;
(3)划定营运车辆的平均碳排放强度;
(4)收集全国及各省(区、市)道路运输周转量统计数据;
(5)汇总估计全国道路运输行业碳排放总量;
(6)将本年度全国道路运输行业的碳排放总量作为下一年度的可供分配的碳排放权总量。

二、道路运输行业碳排放总量估计模型

根据对道路运输行业碳排放总量核算方法流程的分析可知,建立碳排放总量估计模型需要开展的研究主要包括碳排放权强度指标的选择、营运车辆平均碳排放强度的划定及碳排放总量的估计计算三个方面。

1. 碳排放权强度指标的选择

道路运输行业碳排放的来源是移动源,即营运车辆。因此,通过选取合适的车辆碳排放强度指标,结合当前营运车辆碳排放强度及运输周转量等数据,可以较为准确地预估行业的碳排放总量。

营运车辆碳排放强度参考指标的选取一方面需要能够准确反映车辆本身的碳排放情况,另一方面还需要与道路运输行业的统计指标相一致,以便于对碳排放总量的计算。当前营运车辆碳排放强度的指标主要分为单位周转量碳排放强度和单位里程碳排放强度。

(1)单位周转量碳排放强度

单位周转量碳排放强度指营运车辆运送单位货物质量并行驶单位里程的碳排放情况,计

算方法如式(3-1)所示。

$$c = \frac{Q \times \rho \times k}{100000 \times m} \quad (3-1)$$

式中：c——营运车辆单位周转量碳排放强度，货车单位为 $g/(t \cdot km)$，客车单位为 $g/(p \cdot km)$；

　　　Q——营运车辆的满载百公里燃料消耗量，单位为 $L/100km$；

　　　ρ——燃料密度，柴油取 $0.85kg/L$，汽油取 $0.75kg/L$；

　　　k——CO_2 潜在排放系数，根据国家发展和改革委员会发布的数据，柴油取 $3.0959kg/kg$，汽油取 $2.9251kg/kg$；

　　　m——车辆的额定载质量或载客量，货车单位为 t，客人单位为 p。

（2）单位里程碳排放强度

单位里程碳排放强度指营运车辆行驶单位里程的碳排放情况，计算方法如式(3-2)所示。

$$c' = \frac{Q \times \rho \times k}{100000} \quad (3-2)$$

式中：c'——营运车辆单位里程碳排放强度，单位为 g/km。

其余符号意义同上。

由式(3-1)及式(3-2)可知，单位周转量碳排放强度，相比单位里程碳排放强度指标，既可有效反映出车辆本身的碳排放强度，又可反映客货车辆运输能力的碳排放强度，符合行业特征，且与道路运输行业的现有统计指标相一致。因此，本书选取单位周转量碳排放强度作为营运车辆碳排放强度指标。

2. 营运车辆平均碳排放强度的计算

营运车辆平均碳排放强度的科学计算，是道路运输行业碳排放总量估计中的重点和难点。其主要困难在于需要掌握当前在道路运输行业所应用的营运车辆的车型及碳排放强度分布情况，获取的数据越多，平均碳排放强度的划定越准确。

本书对营运车辆碳排放强度分布情况的数据获取主要来源于我国交通运输部建立的"道路运输车辆达标车型数据库"。该数据库于2009年建立，其目的是为进一步加强道路运输行业节能低碳，引导道路运输企业选择高效低耗的营运车辆。该数据库主要用于交通运输主管部门查询获取道路运输企业所购买的营运车辆车型的技术参数及达标公告情况，如所购买车型符合达标车型要求，则颁发道路运输证，否则，不予颁发道路运输证。因此，自2009年后，进入道路运输行业的营运车辆车型均需通过达标车型公告，目前数据库中数据基本可以覆盖当前行业营运车辆整体的应用情况。

达标车型公告网站及达标车型公告参数样本分别如图3-1和图3-2所示。

当前道路运输车辆达标车型数据库中尚未纳入单位周转量燃料消耗量或碳排放强度指标，通过提取数据库中相关车型的百公里燃料消耗量、车辆总质量、车辆额定载质量、车辆燃料类型等相关参数，按照式(3-1)，即可计算现有车型的单位周转量碳排放强度数据。

在获取现有车型单位周转量碳排放强度数据基础上，可进一步分别计算营运客货运输车辆的平均碳排放强度。

第三章 道路运输行业碳排放权总量估计方法

图3-1 达标车型公告网站

道路运输车辆达标车型配置、参数表(客车)

达标车型编号K030000030			
*生产企业	郑州宇通客车股份有限公司		
*产品型号	ZK6601D5Y1	产品名称	客车
*底盘型号	ZK6580CD2	发动机型号	SC28R150.1Q5A
*外廓尺寸(长×宽×高)(mm)	5980×2180×2900, 2800	*载客人数(含驾驶员位)(人)	10-17
*客车类型	小型	*等级	高一级
总质量(kg)	5300	整备质量(kg)	3950,3850,3780
燃料种类	柴油	最高车速(km/h)	100
*轮胎规格	215/75R17.5 14PR, 215/75R17.5 16PR	轮胎数量(个)	2/4
*制动器形式	盘式/盘式	*悬架类型	C
*车外行李架	无	*乘员座位数标识	有
行李舱净高(m)	不适用	*人均行李舱容积(m^3/人)≥	不适用
*行李舱约束装置	不适用	*停车楔数量(≥2个)	2
油箱侧面防护	符合	燃油箱数量(个)	1
油箱距前端距离(≥600mm)	4670,5145	油箱距后端距离(≥300mm)	650,325

图3-2 达标车型公告参数样本

3. 道路运输行业碳排放总量的估计计算

根据计算的道路运输行业碳排放强度平均值,结合我国各省(区、市)的道路运输客货运周转量,即可估计出各省(区、市)的碳排放总量,将各省(区、市)汇总即可得出我国道路运输行业的碳排放总量。具体计算如式(3-3)和式(3-4)所示。

(1)各省(区、市)按照平均碳排放强度的碳排放总量

$$f_{q0} = \frac{c_p \times \varepsilon_{pi} + c_t \times \varepsilon_{ti}}{100} \tag{3-3}$$

式中:f_{q0}——各省(区、市)按平均碳排放强度估计的碳排放量,单位为万吨;

c_p——营运客车平均碳排放强度,单位为 g/(p·km);

c_t——营运货车平均碳排放强度,单位为 g/(t·km);

ε_{pi}——各省(区、市)客运周转量,单位为亿 p·km;

ε_{ti}——各省(区、市)货运周转量,单位为亿 t·km。

(2)全国道路运输行业营运车辆碳排放总量

$$F = \sum f_{q0} \tag{3-4}$$

式中:F——全国道路运输行业营运车辆碳排放总量,单位为万吨。

其余符号意义同上。

式(3-4)计算得出的当年度行业营运车辆碳排放总量,即可作为下一年度行业可供分配的碳排放权总量。

第三节 营运车辆平均碳排放强度的划定

通过以上研究,本书确定了采用营运车辆平均碳排放强度结合运输周转量进行碳排放总量估计的研究思路。营运车辆平均碳排放强度的划定主要包括营运车辆碳排放强度数据获取和基于累积概率分布的划定方法两个方面。

一、碳排放强度数据获取及分布分析

为了解当前道路运输行业营运车辆的车型碳排放强度分布情况,本研究通过查询获取了"道路运输车辆达标车型数据库"中2017年至2019年的约2000个相关营运车辆车型,其中货车车型1679个,客车车型362个,基本可以覆盖当前行业营运车辆整体的应用情况。按照式(3-1)计算统计了现有车型的碳排放强度数据,图3-3和图3-4中分别列出了此次用于数据统计分析的客货车车型的碳排放强度散点及其分布情况。

由图3-3可见,我国当前营运货车呈现为较典型的车型多且密集,额定载质量覆盖范围广,碳排放强度差距较大的情况。营运货车额定载质量范围在3~40t,主要质量段集中在8~20t,这也说明当前我国的货车单车车型较多,牵引车车型则较为集中。单位货运周转量碳排放强度范围为40~190 g/(t·km),且在50~100 g/(t·km)范围内最为集中。图3-3中同样额定载质量的车辆可能具有不同的碳排放强度,其原因为车辆的总质量对油耗有很大的影响,进而影响车辆的碳排放强度。车辆的总质量由营运车辆的整备质量和额定载质量组成。车辆整备质量的不同导致了相同额定载质量下车辆碳排放强度的不同。

由图3-4可见，营运客车相比货车呈现车型较为集中，额定载客人数分布较为平均，碳排放强度差距较大的情况。额定载客人数范围在15～55人，且各人数段的车型数量较为平均，55人以上车型较少，这也说明我国营运客车的车型标准化程度较高。单位客运周转量碳排放强度范围为5～30 g/(p·km)，且在10～15g/(p·km)范围内最为集中。

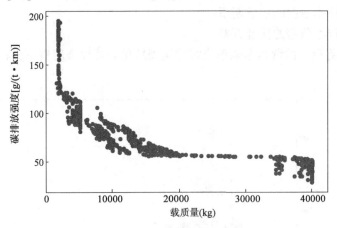

图3-3　营运货车碳排放强度散点图

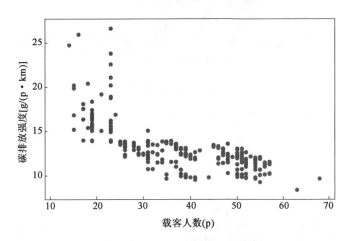

图3-4　营运客车碳排放强度散点图

综合以上分析可知，道路运输行业现有营运车辆不同车型的单位周转量碳排放强度差异较大，通过积极引导道路运输企业选用单位周转量碳排放强度较小的车型替代原有碳排放强度较大的车型，可以有较为明显的降碳效果，也可以证明当前道路运输行业仍有较大的降碳潜力。

此外，由于营运车辆不同车型单位周转量碳排放强度存在差异，购买使用不同车型车辆的运输企业在完成同样运输周转量时的碳排放量也会存在较大差异，这也是后期在对各省（区、市）进行碳排放总量约束的依据之一。

二、碳排放强度累积概率密度拟合

通过对当前营运车辆车型碳排放强度数据的获取可知，该数据组为一组连续的随机变量，根据中心极限定理，整个变量服从正态分布。假设该组数据的数学期望为ρ，标准方差为σ^2。

概率密度按式(3-5)计算。

$$f(x,\mu,\sigma) = \frac{1}{\sigma\sqrt{2\pi}}\exp\left[-\frac{(x-\mu)^2}{2\sigma^2}\right] \quad (3\text{-}5)$$

式中：x ——样本数据；

　　　μ ——整个样本数据的数学期望；

　　　σ^2 ——整个样本数据的标准方差。

按式(3-4)计算得到的营运车辆单位客货运周转量碳排放强度概率分布如图3-5和图3-6所示。

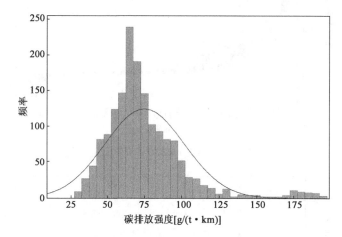

图3-5　营运货车碳排放强度概率分布

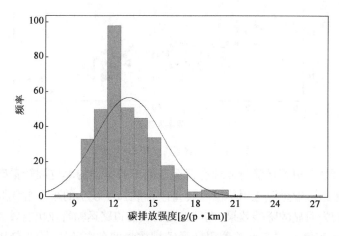

图3-6　营运客车碳排放强度概率分布

由图3-5及图3-6可见，碳排放强度的概率分布符合正态分布，其累积概率分布函数的拟合可按式(3-6)计算。

$$F(x,\mu,\sigma) = \frac{1}{\sigma\sqrt{2\pi}}\int_{-\infty}^{x}\exp\left[-\frac{(x-\mu)^2}{2\sigma^2}\right]dx \quad (3\text{-}6)$$

式中符号意义同前。

根据式(3-6)进行营运车辆单位客货运周转量碳排放强度的累积概率密度曲线拟合,计算出各车型碳排放强度的累积概率密度如图3-7和图3-8所示。

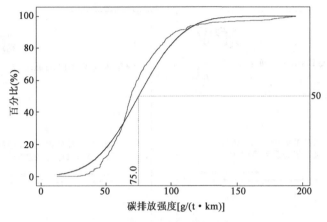

图3-7 营运货车碳排放强度累积概率密度分布拟合曲线

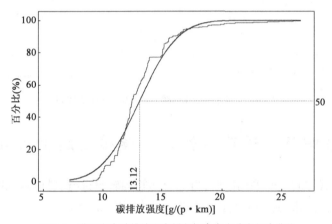

图3-8 营运客车碳排放强度累积概率密度分布拟合曲线

由图3-7和图3-8可见,对营运客车和营运货车进行拟合后的碳排放强度累积概率密度曲线接近于原始值分布,证明拟合曲线与实际情况符合较好。划定累积概率密度分布50%处的值作为行业碳排放强度的平均值,营运客车和营运货车的碳排放强度平均值如表3-1所示。

道路运输行业碳排放强度平均值　　　　表3-1

车 辆 类 型	碳排放强度平均值
营运货车	75.04g/(t·km)
营运客车	13.12g/(p·km)

表3-1中道路运输行业碳排放强度的平均值取值依据的数据是达标车型数据库中约2000个车型的碳排放强度数据,基本可以涵盖当前所有营运车辆的类型。同时,每个车型的燃料消耗量是按照交通行业标准在满载情况下通过标准试验方法检测得到,可以较为有效地代表车辆的排放强度水平。综上,可以保障研究所选取的平均值与现实值具有良好的匹配性。

本书研究提出的营运车辆平均碳排放强度的划定方法,已在交通运输行业标准《营运货车能效和二氧化碳排放强度等级及评定方法》(JT/T 1248—2019)和《营运客车能效和二氧化碳排放强度等级及评定方法》(JT/T 1249—2019)的制定中被采纳,用于划定车辆能效和二氧化碳排放强度的等级限值,如图 3-9 所示。

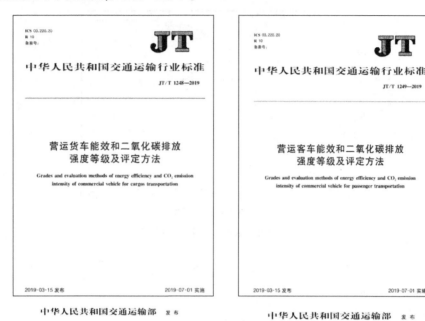

图 3-9　交通运输行业标准 JT/T 1248 和 JT/T 1249

第四节　道路运输行业碳排放总量估计

划定营运车辆碳排放强度平均值后,可结合运输周转量进行碳排放权的总量估计。因此,首先需要获取各省(区、市)道路运输行业的客货运输周转量数据。

一、道路运输行业客货运输周转量的数据获取

为获取各省(区、市)道路运输行业客货运输周转量数据,本书梳理统计了 2019 年《中国统计年鉴》和《中国能源统计年鉴》的相关数据。《中国统计年鉴》由中国国家统计局每年度编制印发,是中国最为权威的统计年鉴。《中国能源统计年鉴》由中国国家统计局能源统计司发布,全面反映中国能源建设、生产、消费、供需平衡等相关数据,为中国能源领域最为权威的数据统计资料。通过查阅以上年鉴数据,可获取各省(区、市)道路运输行业在 2018 年的客货运输周转量,其中西藏因数据不全,暂不列入,在本书之后的各省(区、市)相关数据计算时,均不列入西藏。具体数据如表 3-2 所示。

各省(区、市)道路运输行业客货周转量汇总表　　　表 3-2

序号	省(区、市)	客运周转量(亿人·公里)	货运周转量(亿吨·公里)
1	北京	99.87	167.41
2	天津	76.40	404.10
3	河北	227.61	8550.15

续上表

序号	省(区、市)	客运周转量(亿人·公里)	货运周转量(亿吨·公里)
4	山西	159.64	1907.75
5	内蒙古	122.43	2985.63
6	辽宁	291.46	3152.29
7	吉林	153.77	1189.23
8	黑龙江	154.13	810.66
9	上海	105.82	299.29
10	江苏	716.64	2544.35
11	浙江	402.80	1964.10
12	安徽	376.89	5451.62
13	福建	212.04	1289.52
14	江西	260.97	3759.94
15	山东	493.57	6859.68
16	河南	711.19	5893.92
17	湖北	453.44	2955.53
18	湖南	479.93	3114.85
19	广东	1120.71	3890.32
20	广西	351.10	2683.05
21	海南	74.38	84.55
22	重庆	260.43	1152.75
23	四川	466.14	1814.95
24	贵州	469.08	1146.51
25	云南	269.63	1489.23
26	陕西	286.98	2301.37
27	甘肃	233.31	1118.97
28	青海	50.77	275.74
29	宁夏	47.46	398.19
30	新疆	123.15	1476.70
	合计	9251.74	71132.35

二、道路运输行业碳排放总量估计

根据对道路运输行业碳排放权总量估计模型的研究,在明确道路运输行业碳排放核算边界,划定营运车辆平均碳排放强度,在各省(区、市)道路运输行业客货运输周转量数据基础上,按照式(3-3)可对各省(区、市)道路运输行业开展碳排放权总量估计,按照式(3-4)可加和计算全国道路运输行业碳排放权总量。

综合以上,按照表3-2中数据,可得出各省(区、市)及全国道路运输行业碳排放权的总量估计情况,如表3-3所示。

各省(区、市)及全国道路运输行业碳排放权总量估计　　　表3-3

序号	省(区、市)	碳排放权总量(万吨)
1	北京	139
2	天津	313
3	河北	6442
4	山西	1452
5	内蒙古	2255
6	辽宁	2402
7	吉林	912
8	黑龙江	628
9	上海	238
10	江苏	2002
11	浙江	1526
12	安徽	4138
13	福建	995
14	江西	2854
15	山东	5210
16	河南	4514
17	湖北	2276
18	湖南	2399
19	广东	3065
20	广西	2058
21	海南	73
22	重庆	899
23	四川	1422
24	贵州	921
25	云南	1152
26	陕西	1764
27	甘肃	870
28	青海	213
29	宁夏	305
30	新疆	1124
合计		54561

根据表3-3可知,按照《中国统计年鉴》和《中国能源统计年鉴》获取数据并计算后可得,我国道路运输行业碳排放总量约为54561万吨,在我国约100亿吨碳排放量中占比约为6%。这一结果与第二章中国家发展与改革委员会在我国碳达峰工作中给道路运输行业分配的目标比例一致,该目标比例是在国家层面通过各行业能源统计中的能源平衡算法计算得来,与本章所采用的总量估计方法结果一致,即宏观与微观的算法结果一致,说明了本书约束总量估计方法的合理性。

第四章 各省(区、市)道路运输行业碳排放量的分配方法

第一节 碳排放总量分配研究现状

一、国内外分配方式研究现状

1. 国际碳排放总量分配方式研究

将道路运输行业碳排放约束总量进行科学分配,是强制性政策措施能够取得预期效果的重要前提。Natsourse 提出了人口平均、历史责任等不同的总量分配方法,并确定了各分配方法的原则。Lars Zetterberg 针对各类方法的降碳激励展开研究,采用回归分析,分别从生产补贴、交易收益等不同方面,探讨了人口平均、历史责任等对降碳主体的影响。Li 等建立了基于工业碳排放基准线的总量分配方法,并利用一般均衡模型进行计算,证明了该方法的有效性。Cramton 和 Kerr 也提出公开拍卖是较为有效的分配机制。其主要论证在于当处于竞争市场时,通过竞拍可以防止市场垄断对碳排放价格的影响。

Fowile 认为对约束总量的分配可以根据一定的规则,随着时间的变化而不断更新。Zetterberg 等通过对不同行业开展降碳工作积极性角度开展研究,认为行业会选取对自己更为有利的参与方式。Grimm 等人研究了免费分配和公开拍卖两种分配方式,认为公开拍卖的市场竞争性更强,因此会产生更高的效率和更好的效果。Tanaka 等人对总量分配的依据方式开展了研究,分别讨论了基于产量和基于历史排放两种分配方式对企业生产决策的影响,结果表明基于历史排放的分配对降低企业碳排放量的效果更为明显。

Sterner 等发现,进行免费分配时,下一期的配额如果能基于企业上一期的表现来分配,则有助于激励企业的策略活动。Cooper 考察了"祖父法则"和"基准线法"对企业投资的影响。研究发现,"基准线法"比"祖父法则"更能激发减碳主体第一年的积极性。

2. 我国初始碳排放权分配方式

聂力以提高整个行业的分配效率为目标,研究了碳排放总量分配的方法、所需的政策保障及分配机制。王鑫等量化分析了排放总量的分配将对我国工业的发展产生的影响。吴杰等对不同约束总量分配造成的市场影响开展研究,进行了影响情况的定量分析。王清慧分析了碳排放权约束总量分配受地区经济、人口、环境等因素的影响情况,建立了基于数据包络分析方法的各省碳排放量分配方法。陈建对我国已经实施碳交易机制的 7 个试点省市分配机制进行了研究,梳理了不同分配机制的影响及其优劣。

二、碳排放约束总量分配遵循的原则

当前国内外对碳排放约束总量的分配主要基于两大原则,一是公平性原则,二是效率原则,这两大原则已经成为总量分配的基石。在开展总量分配时,需综合考虑不同区域的降碳成本、经济发展水平、政策支持力度、人民意愿等多种因素,这是国际公认的碳排放权分配"共同但有区别"原则的根本出发点。由此可知,公平优先、效率优先还是在效率优先基础上兼顾公平,将成为碳排放总量分配问题的焦点和难点。

1. 公平性原则

现有研究中出现了多种衡量分配公平性的指标和方法,主要包括历史责任分配法、基准线分配法及其他分配方法。不同分配方法分析如下。

(1) 历史责任分配法

历史责任分配法是碳排放约束总量初始分配的主要方法之一。该方法的分配基于企业上一年或基准年的历史碳排放数据及排放总量,通过一定准则对当年排放数据进行预测,并相应分配初始值。该分配方式简单、数据获取容易、管理成本较低。但同时,该分配方式也存在"多排多得""鞭打快牛"的缺陷,不利于提高企业自主降碳、低碳发展的积极性。

(2) 基准线分配法

基准线分配法是基于行业标准碳排放率的方法,降碳绩效越好的企业通过碳排放权分配获得的收益越大。该方法是根据行业每单位产品的特定排放值进行分配,并划定行业基准线,企业的单位产品碳强度越低,每年余下的碳排放权越多,就能获利越多。明确绩效标准能够更明确企业的发展方向。但基准线的确立存在很大难度,需要大量的数据作为基础,数据的收集工作及标准的建立需要大量成本。对于不同行业,基准线的确立有明显的行业特征,在数据样本量不充足的情况下,科学划定基准线的难度较大。

(3) 其他分配法

在目前应用最为广泛的"历史责任"和"基准线"分配法之外,还有部分地区采用了如基于人人平等根本思想的"人口平均分配法",根据企业上一年度产量来获取相应碳排放权的"基于产出分配法",以及根据同行业内不同企业上一年度排名情况决定碳排放权的"基于竞争分配法"等。

2. 效率性原则

效率性原则的本质是不管碳排放约束总量如何分配,分配方法都不能影响行业的良性发展,因此,在进行分配时,需要统筹考虑分配效率、经济效率和环境效率三个方面。其中经济效率的考量主要由分配效率评价中的投入产出指标体现,环境效率的考量主要由分配效率评价中增加碳排放指标体现。因此,本书主要介绍分配效率的评价方法,经济效率和环境效率的评价也在分配效率评价方法中有所涉及。

分配效率的评价方法主要分为参数法和非参数法。其中数据包络分析(Data Envelopment Analysis,DEA)作为一种非参数评价方法在碳排放量分配中的应用日趋广泛。DEA 是运筹学、管理科学与经济学融合发展的新型理论模型和方法。其本质是利用线性规划的方法,确定最优目标值的计算方式,并设定一定的约束条件,该约束条件涉及多项不同的投入和产出指标,使其能够进行相对有效的评价。该方法自提出以来,广泛应用到了各类评价中,尤其是对多目标的效率评价及量纲不统一的系统评价中,体现了其独有优势。DEA 评价中涉及的一些基本概念介绍如下。

(1)决策单元(Decision Making Units,DMU)

决策单元是数据包络分析方法中的被评价对象,DEA 评价就是对不同的决策单元的分配效率或平均分配效率进行评价,使其能够最大化。决策单元一般是实际存在的主体,如不同地区、不同行业、不同企业、不同工厂、不同生产系统甚至是不同的人。在评价中所用到的投入产出指标可以是实物,也可以是资源,甚至可以是某些虚拟的指标,由于 DEA 评价中无需对投入产出指标的量纲进行统一,有效扩大了 DEA 评价方法的适用范围,同时减小了评价难度。但在 DEA 评价中,对决策单元也有一定的要求,分别是决策单元必须是同一性质的实体,其规划的最优化目标必须相同,各决策单元在评价时的投入产出指标必须一致。

(2)生产可能集和参考集

假设一个 DMU 有不同的投入变量,设为 x,产出向量设为 y,则这个 DMU 的生产可能集可以用 x 和 y 表示。

DEA 评价方法评价的一般是各决策单元的相对效率,即这些相同性质的评价实体之间的效率对比,当对 1 个决策单元进行评价时,其他决策单元的效率就被称为参考集。在 DEA 评价中,对参考集也有一定的要求,一般参考集的容量应大于投入产出指标的 2 倍。

(3)生产前沿面和效率值

生产前沿面是指假设现有的生产能力、生产技术都不变的前提下,通过增加人工或资本使生产进行扩张之后,所能达到的前沿边界,即投入产出的最佳平衡点。基于此,可以假设投入不变,目标函数可设置为产出的最大化。也可以假设产出不变,目标函数可设置为投入的最小化。

效率值是单个决策单元到生产前沿面的距离,如果该距离为 0,则认为该决策单元相对有效,如果该距离大于 0,则应该进一步改善模型,使观测点向着生产前沿面的方向移动,最终达到生产前沿面。

三、基于公平性原则的分配方法研究现状

根据公平原则,碳排放量可以按历史排放量、人口、排放强度等比例进行分配。向各地区分配的约束总量是否科学,是否公平,将在很大程度上决定了强制性政策措施的科学性。为了解决这一分配问题,Jensen 等学者提出了基于历史责任的分配模型,即各地区二氧化碳排放的历史责任与未来排放分配的政策目标相结合的历史责任分配模型。Mu 利用模糊理论,以工业为研究对象,基于公平原则建立了模糊优化模型,开展了分配方法研究。Bohringer 等研究不同分配方法可能实现的短期公平和长期公平。Dong 等从公平角度出发,利用信息熵的方法,综合考虑经济条件、历史排放等因素,对我国各省(区、市)的初始分配进行了计算。Wang 等针对分配的公平性开展研究,建立了优化的分配模型,并利用该模型进行了编程求解,经检验,模型分配的公平性表现良好。Yu 等提出了另一种人均累积排放量的概念,主张在一段时间内人均累积排放量相等或收敛。但是,上述模型都是以人为中心的,忽略了政府对碳排放负责的事实,导致了分配目标的偏差。为此,提出了基线法来解决这些问题。基线法是按照行业

的标准排放率进行分配,即降碳绩效较好的企业通过补贴分配获得更多的排放许可。Gagelmann 研究了历史责任和基线法对企业投资的影响。研究发现,与"历史责任"相比,"基线法"能够更好地通过企业的预期效应影响行业的未来发展。而在基于产出的分配方法方面,Fisher 认为这种分配方式最关键的地方在于如何确定产出。Burtraw 等发现在不同分配方法的成本分析中,基于产出的方法和历史责任的方法具有基本接近的成本,大约是拍卖法成本的两倍。

随着对基于单一指标分配方法的深入研究,国内外学者逐渐发现单一指标的分配很难兼顾碳排放涉及的多个影响因素,特别针对单一指标进行排放量分配时,容易出现排放量分配不够科学的问题。因此,将分配方法的依据指标从单一指标向综合性指标过渡成为研究趋势。例如,Filar 和 Gaertner 利用非线性规划和 Shapley 值来分配全球的碳减排。Eyckmans 等采用合作博弈的方法讨论了不同国家间降碳责任的分担问题。Viguier 等采用两级可计算一般均衡模型研究了欧盟成员国之间的排放限额分配问题。Phylipsen 等提出了三位一体的部分方法来分配欧盟成员国的降碳负担。Den 等进一步提出了允许发展中国家延迟参与的多阶段承诺方法。Ekholm 等学者提出,降碳指标的选择应强调人为减少碳排放和国家间的公平分配。Baer 在 GDR 方案中也使用了人均 GDP 与累积人均排放的乘积作为公平指标。Tang 等人从行业角度出发,采用传统方法提出了合理有效的政府配置方案。研究结果表明,历史责任的分配值比标杆制的分配值要大。Han 等人利用灰色预测模型和趋势外推法研究了中国道路运输中的碳排放量分配问题,并对机动车保有量进行了预测。研究发现,道路交通中的车辆拥有量和相应的碳排放均呈现增长趋势。

四、基于效率性原则的分配方法研究现状

在基于公平原则对碳排放约束总量进行分配基础上,一些学者为提高碳排放权的分配效率,基于效率原则对分配方法进行了研究。王凯的研究指出,碳排放总量的分配可以看作是总量控制下的成本分配问题。因此,基于运筹学的数据包络分析(DEA)可以建立以多个输入/输出参数为约束条件的余量分配模型来解决余量分配问题。Cook 和 Kress 在 DEA 框架下提出了一个处理固定投入分配问题的模型。在总排放权有限的情况下,Lozano 等也研究了排放权的分配等问题。Lins 等人引入零和博弈的思想,解决了 DEA 模型中决策单元相互独立的问题,提出了一种改进的 ZSG-DEA 模型。Lin 利用 ZSG-DEA 模型研究了 2009 年欧洲国家补贴分配效率。Pang 等人在 ZSG-DEA 模型的基础上研究了如何使国家间的补贴分配效率最大化。Feng 等人采用基于改进 DEA 的集中式分配模型,研究了固定规模收益和可变规模收益假设下 OECD 国家间的补贴分配。Chiu 等采用超宽松基测度的 ZSG-DEA 模型研究了欧盟国家间的初始补贴分配,阐明了如何使分配效率最大化。在采用 DEA 模型求解碳排放权分配问题时,对不良碳排放的处理至关重要,Chung 等人和 Zhou 等人利用方向距离函数通过增加必要产出和减少不必要产出来获得 DEA 的最优解。Seiford 和 Zhu 采用了在分类不变性条件下将不必要的输出转化为理想数学输出的方法。Reinhard 等和 Zhang 等选择将不受欢迎的输出作为输入,Sueyoshi 等提出了使用尺度调整措施,对不受欢迎的和预期结果进行统一处理。

道路运输行业是一个典型的服务性行业,在对道路运输行业进行碳排放权约束总量分配开展研究时,既不能单纯追求公平性,影响行业良性发展;也不能单纯追求效率性,为运输行业的经营带来过大的压力。因此,需要考虑建立一种能够兼顾效率与公平的分配模型。

第二节 分配模型的建立原则

在研究建立道路运输行业各省（区、市）碳排放总量分配模型之前，需要明确模型的分配原则，用于指导模型建立的主要思想。为了能够兼顾公平和效率，本书在构建分配模型时始终遵循效率优先、兼顾公平、激励引导的原则。

一、效率优先

所谓效率优先，是指无论碳排放权总量如何分配，都不能影响道路运输行业的良性发展。道路运输行业是服务性行业，为避免片面强调碳排放强度下降造成的货运时效性降低、客运舒适性降低等问题，除了对降碳的要求外，还需要统筹考虑运输的安全性、时效性、便捷性、乘客和驾驶员的舒适性等一系列因素，这些是乘客选择道路运输的重要影响因素，最终表现为道路运输的运输量和运输产值。因此，一味降低单位碳排放强度，可能会造成乘客不再选择道路运输出行，即运输量和运输产值受到较大影响，这也是单纯采用公平原则时容易造成分配失衡的主要原因。综上，道路运输行业的分配不能单纯以降碳量最大为单一指标，而是应该秉承效率优先的原则，也就是在排放总量约束下，根据各地实际，力争以最小的投入实现最大的产出。具体到道路运输行业，效率优先则是指在行业碳排放权总量确定下，通过对各省（区、市）碳排放量的科学分配，使每单位碳排放权的投入能够实现最大的运输量和最高的产值，保障行业总体的最好发展。

二、兼顾公平

"公平"原则是指将碳排放权按照各参与方的历史排放量、人口、排放强度等的占比情况进行同比例分配，这也是当前被普遍采用的原则。"公平"之所以重要，是因为相对公平的分配可以有效减少各方参与降碳政策机制的阻力，使各个国家、行业、降碳主体能够积极参与这项工作。没有公平性，则整个行业的降碳工作将面临巨大阻力。

在行业层面，由于行业属性和生产方式的不同，不同行业之间的碳排放效率和能源利用效率本身就存在差异。因此，不能把所有行业一概而论，而应该协调考虑行业属性，按照行业划分碳排放权。例如，当采用基准法时，"排放强度基准线"应按照"不同行业不同基准"的思想来制订，保障行业公平性。

三、激励引导

效率原则和公平原则并不是相互对立，相互矛盾的。通过建立科学的分配模型，可以实现二者的有机统一。除了效率和公平外，强制性约束政策建立后对行业降碳的推进作用，还体现在对碳排放强度较低的降碳主体是否有明显的激励作用。如前文所述，"历史责任"分配方法，降碳主体的分配主要取决于上一年度的排放量，这种分配方法使得排放量越少的地区，下一年度获得的碳排放权越少，对由于应用节能低碳措施使得单位碳排放强度较低的地区，反而降低了碳排放权的获得量，出现明显的分配不均。而"基准线法"以行业基准线为统一的分配依据，同样的周转量将获得同样的碳排放权，单位周转量碳排放强度低的企业自然能够获得更多的碳排放权出售量,能够有效体现激励引导,提高整个机制对行业降碳的推动作用。

综合以上,本书建立基于行业基准线的道路运输行业碳排放权约束总量的分配模型 BL-DEA(Baseline-DEA),根据模型建立遵循的原则,所建立的模型需要满足以下三个要求。

(1)优先保障道路运输行业发展,即分配要达到总体效率的最大化。
(2)各省(区、市)的分配方案要将碳排放权约束总量分配完毕。
(3)体现绩效激励思想,即分配要与"行业基准线"相结合。

第三节 基于"行业基准线"的各省(区、市)碳排放量分配模型

基于以上对模型建立原则的分析和模型需要满足的要求,分配模型的建立应首先从效率原则开始。根据对碳排放权分配理论的研究,数据包络分析(DEA)作为一种基于线性规划的非参数评价方法,可通过涵盖多项指标的约束条件建立模型,使得目标值达到最优化。同时,由于该方法为非参数评价方法,允许各指标的量纲不统一。在效率优先原则下,分配的目标是达到效率最大化,同时,该效率又由多个投入产出指标决定,且各投入产出指标量纲有所差异,与 DEA 方法的应用场景符合度较高,因此,首先利用 DEA 方法进行模型搭建。

传统的 DEA 方法单纯考虑效率,难以符合模型建立中对兼顾公平和激励引导原则的要求。因此,如何将传统 DEA 方法与"基准线"分配思想进行结合,是模型建立的难点。

利用 DEA 方法求解,使得目标函数达到最优值时,各投入产出指标的取值是一个范围,而非单一的特定值。这一特点为解决 DEA 方法与"基准线"分配思想的结合提供了可能。由于分配值将作为 DEA 方法中的一项投入指标,本书在传统 DEA 方法使得分配效率达到最大化的基础上,通过逆向求解,得出初始分配值的可能取值范围,然后利用已经划定的行业基准线,通过模型优化,使初始碳排放权的分配值在取值范围内尽量贴近行业基准线,实现 DEA 方法与"基准线"分配思想的结合。并按照这一思想,建立了引入"基准线"思想的分配 BL-DEA 模型。

一、模型的理论推导

1. 建立传统 DEA 模型

根据 Beasley 的研究,本书利用平均效率的最大化代替传统 DEA 模型中的单个决策单元 DMU(即单个省份)效率的最大化,从而达到整个行业整体分配效率的最大化。假定共有 n 个同类型的 DMU_q($q=1,2,\cdots,n$),每个 DMU 有 m 种产出和 p 种投入,用 y_{rq} 代表 DMU_q 的第 r($r=1,2,\cdots,m$)种产出,x_{iq} 代表 DMU_q 的第 i($i=1,2,\cdots,p$)种投入;u_r 为对应第 r 种产出的权重系数,v_i 为对应第 i 种投入的权重系数;e_q 代表 DMU_q 的效率,E 代表整个行业的平均分配效率。将 DMU_q 的碳排放量作为一种特殊投入,用 f_q 表示,令 F 代表整个行业待分配的碳排放总量,以平均效率最大化作为目标函数,可得式(4-1)。

$$E = \max \frac{1}{n}\sum_{q=1}^{n} e_q$$

$$s.t.\begin{cases}\dfrac{\sum_{r=1}^{m}u_r y_{rq}}{f_q+\sum_{i=1}^{p}v_i x_{iq}}=e_q\\ 0\leqslant e_q\leqslant 1, q=1,2,\cdots,n\\ u_r\geqslant 0, v_i\geqslant 0, r=1,2,\cdots,m\quad i=1,2,\cdots,p\\ \sum_{q=1}^{n}f_q=F\end{cases} \quad (4\text{-}1)$$

设目标函数的最优解为 E^*，易证满足式(4-1)的结果为 $E^*=1$ 的方案是存在的，证明如下：

设：$\bar{U}=(u_1,u_2,\cdots,u_{m-1})=(0,0,\cdots,0)$，$u_m=F/\sum_{q=1}^{n}y_{mq}$；$f_q=y_{mq}F/\sum_{q=1}^{n}y_{mq}$，$\bar{V}=(v_1,v_2,\cdots,v_p)=(0,0,\cdots,0)$。

$$\because e_q=\frac{\sum_{r=1}^{m}u_r y_{rq}}{f_q+\sum_{i=1}^{p}v_i x_{iq}}=\frac{u_m y_{mq}}{f_q}=\frac{Fy_{mq}/\sum_{q=1}^{n}y_{mq}}{Fy_{mq}/\sum_{q=1}^{n}y_{mq}}=1$$

$$\therefore E^*=\frac{1}{n}\sum_{q=1}^{n}e_q=1$$

为得到科学的 f_q 分配方式，将式(4-1)的最优解 $E^*=\dfrac{1}{n}\sum_{q=1}^{n}e_q=1$ 作为新的约束条件，将 f_q 的最大值和最小值分别作为目标函数，建立式(4-2)，即可求得 f_q 的变动范围。

$$\max f_q,\min f_q$$

$$s.t.\begin{cases}\dfrac{\sum_{r=1}^{m}u_r y_{rq}}{f_q+\sum_{i=1}^{p}v_i x_{iq}}=e_q\\ 0\leqslant e_q\leqslant 1, q=1,2,\cdots,n\\ u_r\geqslant 0, v_i\geqslant 0, r=1,2,\cdots,m\quad i=1,2\cdots,p\\ \sum_{q=1}^{n}f_q=F\\ \dfrac{1}{n}\sum_{q=1}^{n}e_q=1\end{cases} \quad (4\text{-}2)$$

将式(4-2)所得的最小最优解记为 S_q，最大最优解记为 L_q，一般的，$S_q<f_q<L_q$，若有 DMU 存在 $S_q=f_q=L_q$，则说明该 DMU 的分配结果已经被确定。

2. 引入"基准线"的模型改进优化

传统模型下，在求解出最优解的变动区间后，一般采用在区间内等比例取值或直接取区间

平均值的方法求解模型最终解,该方法仅能保障整个模型的效率值最高,却无法兼顾其他方面。为使基于效率的 DEA 分配方法能够与兼顾公平和激励的"基准线"分配方法有机结合,本书对传统模型进行了改进优化,在确定分配值的取值范围后,使 DEA 模型下的 f_q 值尽量贴近按照基准线法进行分配的值,将按照基准线法进行分配的分配值记为 f_{q0},即需要求得 $\min \sum_{q=1}^{n} |f_q - f_{q0}|$。

基于以上思想,对最终的分配值进行求解。求解模型如式(4-3)所示。

$$\min \sum_{q=1}^{n} |f_q - f_{q0}|$$

$$s.t. \begin{cases} \dfrac{\sum_{r=1}^{m} u_r y_{rq}}{f_q + \sum_{i=1}^{p} v_i x_{iq}} = e_q \\ 0 \leq e_q \leq 1, q = 1, 2, \cdots, n \\ u_r \geq 0, v_i \geq 0, r = 1, 2 \cdots m, \quad i = 1, 2 \cdots, p \\ \sum_{q=1}^{n} f_q = F \\ \dfrac{1}{n} \sum_{q=1}^{n} e_q = 1 \\ S_q \leq f_q \leq L_q \end{cases} \quad (4\text{-}3)$$

为求解带有绝对值的目标函数,进一步地可设置以下中间变量以方便模型求解。设 $\alpha_q = (|f_q - f_{q0}| + f_q - f_{q0})/2$,$\beta_q = (|f_q - f_{q0}| - f_q + f_{q0})/2$,可得 $|f_q - f_{q0}| = \alpha_q + \beta_q$,$f_q = \alpha_q - \beta_q + f_{q0}$,将中间变量代入式(4-3)整理后,可得等价式(4-4)。

$$\min \sum_{q=1}^{n} (\alpha_q + \beta_q)$$

$$s.t. \begin{cases} \dfrac{\sum_{r=1}^{m} u_r y_{rq}}{\alpha_q - \beta_q + f_{q0} + \sum_{i=1}^{p} v_i x_{iq}} = e_q \\ 0 \leq e_q \leq 1, q = 1, 2, \cdots, n \\ u_r \geq 0, v_i \geq 0, r = 1, 2 \cdots, m \quad i = 1, 2 \cdots, p \\ \sum_{q=1}^{n} (\alpha_q - \beta_q + f_{q0}) = F \\ \dfrac{1}{n} \sum_{q=1}^{n} e_q = 1 \\ S_q \leq \alpha_q - \beta_q + f_{q0} \leq L_q \end{cases} \quad (4\text{-}4)$$

求解式(4-4),即可得到符合目标函数要求的 α_q 和 β_q,则 $f_q = \alpha_q - \beta_q + f_{q0}$。到此,引入基准线思想的各省(区、市)碳排放权分配模型 BL-DEA 建立完毕。

二、模型投入产出指标的选取

BL-DEA 理论模型建立后,其投入产出指标的选取对整个模型求解的科学性具有重要影响,因此,需要结合道路运输行业现状,选取碳排放权分配问题中的各投入产出指标。在选取投入产出指标及基准线参考指标时,需考虑数据的可获得性、符合宏观经济学原理及行业运行特点,以保障各项指标的选取科学合理。

1. 投入产出指标选取的原则

基于道路运输行业碳排放影响的复杂性,分析道路运输行业碳排放投入产出指标时,应该遵循如下原则:

(1)科学性

投入产出指标的选取应采用科学的方法,保障所选的投入产出指标与当前的统计口径相一致,能够表征行业实际的投入成本和产出效益,同时要能够体现道路运输行业节能低碳的内涵,突出整个行业节能低碳的系统目标。

(2)系统性

应将道路运输行业的碳排放机制进行统筹考虑,并结合当前国家碳达峰、碳中和系统工作的要求,降低道路运输行业碳排放对整个系统工作造成的影响。不能孤立地研究单个的投入产出指标。

(3)简明性

选择的投入产出指标应简明扼要,具有代表性,重要指标不能遗漏,无关指标不能选用。投入产出指标的简明性,可以有效降低不同指标之间的交叉影响,同时降低投入产出指标相关实际数据的统计及最终的计算。

(4)适用性

投入产出指标是为后期开展碳排放分配和交易定价服务,因此指标应与道路运输行业密切相关,并且在当前的统计口径中能够较为容易选取或统计,一般最好是直接的统计指标,而非二次加工后形成的数据。

2. 投入产出指标选取的方法

本研究利用德尔菲法(Delphi)进行道路运输行业碳排放的投入产出指标选取,Delphi法也称专家调查法,作为一种反馈匿名函询法,被广泛应用于评价、预测、影响因素确定等工作中,Okoli也曾将其作为一个实用工具用于进行统计类工作。和其他专家预测方法相比,德尔菲法具有匿名性和反馈性两个突出的特点。匿名性是指参与调查的专家不直接交流,可以有效保障专家独立表达观点,消除权威及其他因素的影响,保障结果真实。反馈性是指该方法需要多轮信息反馈,使得最终结果能够如实反映专家观点,保障结果的客观、准确。

投入产出指标的选取是否合适,直接影响到后期对分配的科学性和对单位碳排放影子价格计算的准确性。每一个指标都会在一个方面反映碳排放的影响情况。本书通过对道路运输行业碳排放特征、基本要素、减少碳排放会造成的影响等多方面的分析比较,确立了投入产出的初步指标集,然后通过两轮的专家调查,根据专家意见对指标集进行完善,最后利用传统的Delphi法选取的满分频率、等级和及变异系数三项筛选依据,确立了最终的投入产出指标。具体的选取流程如图4-1所示。

利用Delphi法开展专家调查,第一轮调查前,通过理论分析建立了初步的指标集,包含一级指标2个,二级指标10个,具体如图4-2所示。

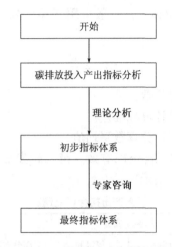

图 4-1　BL-DEA 模型投入产出指标选取流程

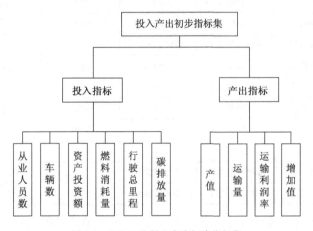

图 4-2　Delphi 法投入产出初步指标集

选取满分频率、等级和、变异系数作为进行指标筛选的依据，其含义为：

(1) 满分频率(P_i)：认为该指标的重要程度在一般及以上的专家在调查总数中所占的比例，当 $P_i \leqslant 50\%$ 时，认为该指标不满足满分频率要求，需要删除。

(2) 等级和(F_i)：指某指标在专家调查中的评价得分之和，一般首轮专家调查可采用 0、1、2 对该指标的重要程度进行赋值，分别代表不重要、一般、重要，当 $F_i \leqslant n$ 时，认为不满足等级和要求，需要删除；在第二轮专家调查可采用 0、1、2、3、4 对该指标的重要程度进行赋值，分别代表不重要、不太重要、一般、比较重要、很重要，当 $F_i \leqslant 2n$ 时，认为不满足等级和要求，需要删除。

$$F_i = \sum_{j=1}^{n} R_{ij} \qquad (4-5)$$

式中：F_i——第 i 个指标的等级和；

R_{ij}——第 j 个专家对第 i 个指标的评分值。

(3) 变异系数(CV_i)：用于判断专家对指标是否需要列入评价体系的认同度，认同度越高,说明该指标越应该被纳入评价体系。一般采用变异系数 CV 进行检验,认同度越高,变异系数的值越小。

$$CV_i = \frac{\sigma_i}{M_i} \quad (4\text{-}6)$$

式中:CV_i——第 i 个指标的变异系数;

σ_i——第 i 个指标的专家评分标准差;

M_i——第 i 个指标的专家评分算数平均值。

首轮发放问卷 50 份,收回 42 份,全部有效。第二轮发放问卷 50 份,收回 40 份,有效率100%。两轮调查的情况如表 4-1 所示。

投入产出指标调查情况　　　　　　　表 4-1

一级指标	二级指标	第一轮调查		第二轮调查		
		满分频率	等级和	满分频率	等级和	变异系数
投入指标	从业人员数	71%	54	75%	115	0.11
	车辆数	83%	60	80%	120	0.24
	资产投资额	60%(删除)	31(删除)	—	—	—
	燃料消耗量	74%	55	78%	99	0.12
	行驶总里程	50%(删除)	35(删除)	—	—	—
	碳排放量	95%	71	98%	135	0.14
产出指标	产值	90%	68	90%	128	0.09
	运输量	93%	61	85%	130	0.15
	运输利润率	50%(删除)	31(删除)	—	—	—
	增加值	30%(删除)	20(删除)	—	—	—

由表 4-1 可见,在第一轮调查后,删除满分频率小于 50% 或等级和小于 42 的相应指标。在第二轮调查中,满分频率均大于 50%,等级和均大于 80 且变异系数均小于 0.2,可认为此轮调查后专家意见已趋于统一,指标体系能够被确定。

综合以上可知,从业人员数、车辆数、燃料消耗量、碳排放量、产值和运输量为道路运输行业碳排放的主要影响因素。其中从业人员数、车辆数、燃料消耗量、碳排放量共同构成投入指标,产值和运输量共同构成产出指标,如图 4-3 所示。

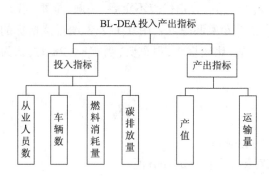

图 4-3　BL-DEA 投入产出指标

三、我国各省(区、市)道路运输碳排放量的分配

1. 各投入产出指标的数据获取

在对投入产出指标进行选取时,已考虑了数据的可获得性。BL-DEA 模型选取的各投入产出指标,除碳排放量外,其他数据可通过 2019 年度中国统计年鉴和中国能源统年鉴获取。根据年鉴的统计情况,获取数据汇总如表 4-2 所示。

道路运输行业各投入产出指标汇总表　　表 4-2

省(区、市)	产值 (亿元)	运输量 (万吨/万人)	从业人员数 (万人)	车辆数 (万辆)	燃料消耗量 (万吨)
北京	290.02	64855	27.98	24.39	172.69
天津	187.3	46970	6.16	18.83	370.35
河北	599.49	261467	12.1	138.22	843.59
山西	252.51	141933	7.67	60.98	536.11
内蒙古	252	167841	6.58	30.95	426.62
辽宁	314.4	246092	12.25	77.57	1008.72
吉林	144.75	69892	4.91	35.19	343.73
黑龙江	192.32	63682	6.60	50.11	330.34
上海	322.69	42746	18.20	25.92	562.20
江苏	743.44	236276	24.67	90.63	821.31
浙江	465.16	238546	17.31	38.15	881.91
安徽	210.09	334587	13.34	71.97	622.69
福建	453.53	130657	9.67	27.14	429.53
江西	207.91	206948	9.31	37.90	546.71
山东	784.32	362851	22.49	115.96	1368.78
河南	519.08	328890	20.16	106.02	808.01
湖北	340.8	244135	15.72	38.06	865.85
湖南	359.04	295396	9.76	34.53	712.97
广东	859.43	409992	39.79	67.23	1676.09
广西	229.37	189523	6.75	38.99	538.43
海南	59.75	21687	2.40	6.01	108.26

续上表

省(区、市)	产值 (亿元)	运输量 (万吨/万人)	从业人员数 (万人)	车辆数 (万辆)	燃料消耗量 (万吨)
重庆	225.47	159214	13.40	29.74	514.22
四川	382.99	254786	17.36	62.07	800.93
贵州	256.85	179407	5.60	19.62	490.80
云南	87.98	169963	7.52	53.07	601.52
陕西	199.83	191092	11.10	43.80	409.63
甘肃	70.44	100905	4.489	30.63	307.01
青海	24.89	20777	1.55	8.21	128.92
宁夏	47.83	37099	1.23	10.06	124.03
新疆	160.36	102423	7.72	37.11	651.13

2. 各省(区、直辖市)实际分配值计算

根据表4-2中数据,按照式(4-1)和式(4-2),利用Matlab对模型进行编程求解,可求得使得整体效率分配最大化的各省(区、市)分配的取值范围。

确定分配的取值范围后,需要确定各省(区、市)按照行业基准线计算得出的分配值。在基准线的划定方面,考虑道路运输企业的降碳工作尚处于起步阶段,如果将基准线标杆划定过高,会导致整个行业的减排压力太大。如果将基准线标杆划定过低,则容易造成整体分配偏于宽松。因此,与当前国内外广泛采用的基准线法开展分配方法相一致,划定第三章中研究得出的行业平均碳排放强度作为行业基准线。结合各省(区、市)实际周转量,即可求得各省(区、市)按照基准线分配的初始分配值,如表4-3。

各省(区、市)基于行业基准线的分配值　　　　表4-3

序号	省(区、市)	客运周转量 (亿人公里)	货运周转量 (亿吨公里)	分配值 (万吨)
1	北京	99.87	167.41	139
2	天津	76.40	404.10	313
3	河北	227.61	8550.15	6442
4	山西	159.64	1907.75	1452
5	内蒙古	122.43	2985.63	2255
6	辽宁	291.46	3152.29	2402
7	吉林	153.77	1189.23	912
8	黑龙江	154.13	810.66	628
9	上海	105.82	299.29	238

续上表

序　号	省(区、市)	客运周转量 (亿人公里)	货运周转量 (亿吨公里)	分配值 (万吨)
10	江苏	716.64	2544.35	2002
11	浙江	402.80	1964.10	1526
12	安徽	376.89	5451.62	4138
13	福建	212.04	1289.52	995
14	江西	260.97	3759.94	2854
15	山东	493.57	6859.68	5210
16	河南	711.19	5893.92	4514
17	湖北	453.44	2955.53	2276
18	湖南	479.93	3114.85	2399
19	广东	1120.71	3890.32	3065
20	广西	351.10	2683.05	2058
21	海南	74.38	84.55	73
22	重庆	260.43	1152.75	899
23	四川	466.14	1814.95	1422
24	贵州	469.08	1146.51	921
25	云南	269.63	1489.23	1152
26	陕西	286.98	2301.37	1764
27	甘肃	233.31	1118.97	870
28	青海	50.77	275.74	213
29	宁夏	47.46	398.19	305
30	新疆	123.15	1476.70	1124

根据表4-3中数据,按照式(4-3)和式(4-4),可求得引入基准线思想的各省(区、市)道路运输行业碳排放权的实际分配方案如表4-4所示。

基于BL-DEA模型的各省(区、市)道路运输行业碳排放权分配　　表4-4

省 (区、市)	分配值 (万吨)	省 (区、市)	分配值 (万吨)	省 (区、市)	分配值 (万吨)	省 (区、市)	分配值 (万吨)
北京	139	上海	126	湖北	2385	云南	1553
天津	409	江苏	2620	湖南	3337	陕西	1973
河北	3132	浙江	2342	广东	3838	甘肃	980

续上表

省 (区、市)	分配值 (万吨)	省 (区、市)	分配值 (万吨)	省 (区、市)	分配值 (万吨)	省 (区、市)	分配值 (万吨)
山西	1501	安徽	3514	广西	2072	青海	155
内蒙古	1920	福建	1668	海南	202	宁夏	402
辽宁	2402	江西	2155	重庆	1481	新疆	810
吉林	681	山东	3950	四川	2561		
黑龙江	628	河南	3563	贵州	2062		

从表4-4中可以看出,山东、广东分别获得了3950万吨、3838万吨碳排放权,占据前两位,两省均为我国道路运输较为发达的地区,车辆保有量、运输行业发展及公路通车里程均在全国前列。河南、安徽、湖南、河北均获得了超过3000万吨的碳排放权,这四个省同为我国道路运输大省,车辆保有量、从业人员数、燃料消耗量均占据前列。上海、北京所分配到的碳排放权为全国最少的两个地区,一是由于相比其他省份,两个大型城市的道路运输规模仍然偏小,二是由于除道路运输外,北京、上海两地的铁路、航空等其他交通方式均较为发达,也在一定程度上降低了道路运输业务量。通过宏观分析,利用BL-DEA模型计算得出的分配值能够较好匹配各地区的经济发展水平、道路运输行业发展现状及道路运输行业规模,是合理的分配方法。

第四节 与其他分配方法的对比

在对表4-4数据进行宏观分析后,为进一步定量分析BL-DEA方法相比其他分配法方法的科学性,选取当前我国各试点目前采用的"历史责任法"和"基准线法"进行对比分析。

"历史责任法"直接基于各省(区、市)当年碳排放数据决定下一年度的分配,在道路运输行业碳排放权总量确定的基础上,可按照各地区道路运输行业燃料消耗量在全国道路运输行业燃料消耗量中的占比确定各省的占比。各省(区、市)道路运输行业的燃料消耗量已在表4-2中列出,各省(区、市)分配值按式(4-7)计算。

$$f'_q = F \times \frac{\theta_q}{\theta} \tag{4-7}$$

式中:f'_q——按历史责任法分配的初始值;

F——道路运输行业碳排放权总量;

θ_q——第q个省(区、市)的道路运输行业燃料消耗量;

θ——全国道路运输行业的燃料消耗量。

按式(4-7)可求得各省(区、市)按照"历史责任法"分配的碳排放权初始值,综合之前研究得出的"基准线法"分配值和BL-DEA模型分配值,形成表4-5,并基于表4-5数据,分别从效率、公平和激励作用三个方面开展讨论。

各省(区、市)基于三种方法的分配值   表4-5

序 号	省(区、市)	历史责任法(万吨)	基准线法(万吨)	BL-DEA(万吨)
1	北京	523	139	139
2	天津	1122	313	409
3	河北	2557	6442	3132
4	山西	1625	1452	1501
5	内蒙古	1293	2255	1920
6	辽宁	3057	2402	2402
7	吉林	1042	912	681
8	黑龙江	1001	628	628
9	上海	1705	238	126
10	江苏	2489	2002	2620
11	浙江	2673	1526	2342
12	安徽	1887	4138	3514
13	福建	1302	995	1668
14	江西	1657	2854	2155
15	山东	4148	5210	3950
16	河南	2449	4514	3563
17	湖北	2624	2276	2385
18	湖南	2161	2399	3337
19	广东	5080	3065	3838
20	广西	1632	2058	2072
21	海南	328	73	202
22	重庆	1558	899	1481
23	四川	2427	1422	2561
24	贵州	1487	921	2062
25	云南	1823	1152	1553
26	陕西	1241	1764	1973
27	甘肃	930	870	980
28	青海	391	213	155
29	宁夏	376	305	402
30	新疆	1973	1124	810

一、基于效率的对比

效率对比方面,传统的 CCR 模型已经提供了成熟的效率计算方法,利用该模型对三种分配方式的效率进行比较,结果如表 4-6 所示。三种分配方式效率值的变化情况,如图 4-4 所示。

三种分配方式的分配效率　　　　　表 4-6

省(区、市)	历史责任法	基准线法	BL-DEA
北京	1.00	1.00	1.00
天津	0.65	0.98	1.00
河北	1.00	1.00	1.00
山西	0.74	0.74	1.00
内蒙古	0.99	0.99	1.00
辽宁	0.64	0.64	1.00
吉林	0.62	0.63	1.00
黑龙江	0.62	0.68	1.00
上海	0.75	1.00	1.00
江苏	0.88	0.88	1.00
浙江	0.84	0.87	1.00
安徽	1.00	1.00	1.00
福建	1.00	1.00	1.00
江西	0.84	0.84	1.00
山东	0.77	0.77	1.00
河南	0.94	0.94	1.00
湖北	0.74	0.74	1.00
湖南	1.00	1.00	1.00
广东	0.86	0.86	1.00
广西	0.90	0.90	1.00
海南	0.62	1.00	1.00
重庆	0.75	0.85	1.00
四川	0.75	0.88	1.00
贵州	1.00	1.00	1.00
云南	0.73	0.77	1.00

续上表

省(区、市)	历史责任法	基 准 线 法	BL-DEA
陕西	0.95	1.00	1.00
甘肃	0.77	0.82	1.00
青海	0.43	0.49	1.00
宁夏	0.94	0.94	1.00
新疆	0.45	0.47	1.00
平均效率值	0.81	0.86	1.00

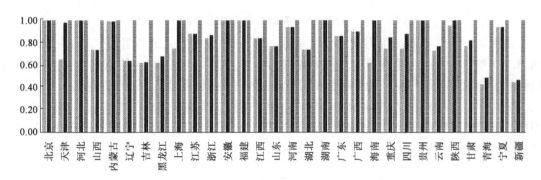

图 4-4　30 个省级区域三种分配方式的效率对比

由表 4-6 和图 4-4 可见，在历史责任法分配模式下，北京、河北、安徽、福建、湖南、贵州 6 个省市的 CCR-DEA 效率达到 1，占比为 20%，青海和新疆的效率较差，仅有 0.43 和 0.45，其他 22 个省(区、市)的效率均超过 0.6，30 个省(区、市)的平均效率为 0.81。在基准线法分配模式下，北京、河北、上海、安徽、福建、湖南、海南、贵州、陕西 8 个省的 CCR-DEA 效率达到 1，占比为 27%，青海和新疆的效率仍然较差，分别为 0.49 和 0.47，其他 22 个省(区、市)的效率均超过 0.6，且大部分省(区、市)的效率均呈现增长趋势，30 个省(区、市)的平均效率提高到 0.86。这也证明在当前普遍应用的两种分配模式中，基准线法的分配效率相对更高，更能促进行业的发展。而在 BL-DEA 分配模式下，通过固定总体碳排放量情况下的各省调整，使所有省(区、市)的效率均达到了 1，证明 BL-DEA 分配模型在考虑行业良性发展和生产经营效率的情况下，相比现行两种分配方法均更为科学。

二、基于公平的对比

除分配效率外，对各省(区、市)碳排放权分配的相对公平性关系到道路运输行业的降碳工作能否更好、更容易地在各省(区、市)进行推行，因此，这也是评价分配模型的一个重要因素。在分配公平性方面，三种不同的分配模式为每个省(区、市)分配的碳排放量存在一定区别。将各省(区、市)在三种方式下的分配值进行比较,如图 4-5 所示。

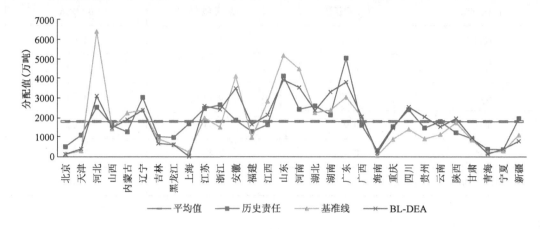

图 4-5　三种分配方式下的各省(区、市)碳排放分配公平性比较

由图 4-5 可见,三种分配方式的分配总量一致,三种分配方式的各省(区、市)分配均值为 1818.7 万吨。分配的公平性可以理解为各省(区、市)实际分配的值与均值的差异大小,各省(区、市)与均值的差异越小,说明整体的分配越趋向平均值,可以认为公平性越高。

统计学中,方差是每个样本值与全体样本值平均数之差的平方值的平均数,被用于衡量一组随机变量的离散程度,与本书中衡量公平性的数学意义相符。因此,本书利用三种分配方法的方差定量对比分配公平性,各分配方法的方差按式(4-8)计算。

$$\sigma^2 = \frac{\sum(f_q - \mu)^2}{N} \tag{4-8}$$

式中: σ^2——三种分配方式下的方差;
　　　f_q——各省(区、市)在三种分配方式下的分配值;
　　　μ——三种分配方式下各省配置分配值的平均值;
　　　N——参与分配的省(区、市)个数。

按式(4-8)计算,"历史责任""基准线"和"BL-DEA 模型"三种方法的方差分别为 1087178,2386464,1374641。"基准线法"分配模式的方差最大,BL-DEA 模型的分配方差相比"基准线法"有了大幅降低,与"历史责任"相比仅有较少增加,证明该模型能较好地兼顾公平性,也更有利于制度在整个道路运输行业的施行。

三、基于激励的对比

在各省(区、市)碳排放权分配中体现激励引导的作用可以有效提高降碳主体参与此项工作的积极性,极大地推动整个国家降碳目标的实现,因此,这同样是评价分配模型的一个重要因素。为对比三种分配模式下对单位碳排放强度较低的地区的激励作用,利用三种分配方式下各省(区、市)获得的碳排放量柱状图进行比较,如图 4-6 所示。

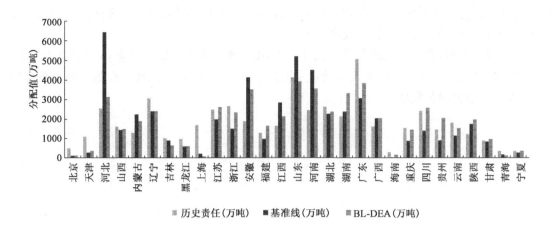

图 4-6　三种分配方式下各省获得的分配值

由图 4-6 可见,在激励作用方面,与"历史责任法"相比,BL-DEA 分配模型下,山东、广东仍占据分配的前两位,但广东由"历史责任法"的第一下降到了第二位,其主要原因是广东省道路运输行业单位运输量的燃料消耗和碳排放强度相对较高,BL-DEA 模型的分配中减少了其初始的分配量,体现了 BL-DEA 模型的激励作用。北京、上海两个城市,由于城市工况较为拥堵、车辆实载率较低,同时,其货运多为总体质量较低、经济附加值较高的运输货类,也同样造成单位碳排放强度高于行业平均的基准线,BL-DEA 模型分配的初始碳排放权同样有所降低。

河南、安徽、湖南、河北四个省 BL-DEA 模型分配的碳排放权均较"历史责任法"的分配有所增加,是因为这四个省都是公路货运大省,且运输线路均以长途重载为主,以较低的车辆数和燃料消耗量获取了较高的货运周转量,即车辆应用过程中的实载率较高,单位周转量排放强度较低,因此,模型给予了一定的碳排放权激励。另外,由于 BL-DEA 模型中引入了表征地区的经济发展水平的产值指标,可以鼓励经济较为发达的地区通过购买碳排放权激励欠发达地区节能低碳的积极性,这导致广东、上海、北京、浙江等经济发达地区的 BL-DEA 模型分配的碳排放权有所减少,而河南、湖南、贵州、陕西等中西部地区的 BL-DEA 碳排放权普遍有一定程度增加。

而与"基准线法"相比,河北省在 BL-DEA 模型分配的碳排放权减少了 3310 万吨,是所有省(区、市)中变化最大的。河北省地处平原,是中国货物运输第一大省,货运以长途和甩挂运输为主,且运输货类主要以低附加值的煤、矿石为主,存在一定的超载现象,导致车辆的实载率较高、单耗较低。这造成了河北省的单位货运量碳排放强度显著小于行业平均值。因此单纯以基准线指标分配时,河北省的碳排放权明显增加。

但在 BL-DEA 模型下,河北省低附加值的运输模式会造成产值较小,为统筹考虑效率与公平,对河北省的碳排放权进行了较大减少。其他各省(区、市)的碳排放权,"BL-DEA"模型所分配的碳排放权均在"基准线法"基础上存在一定上下波动,但波动不大,证明该模型对"基准线法"碳排放权的趋近达到了较高水平,能够有效地体现激励作用。

综合以上分析可知,BL-DEA 作为一种综合性分配模型,相比当前应用最为广泛的"历史责任法"和"基准线法",在分配效率方面相比其他两种模式均有较大提升,综合分配效率分别提高 19% 和 14%。在分配公平性方面,相比"基准线法"更好地兼顾公平,相比"历史责任法"

略有升高。在分配激励作用方面，相比"历史责任法"激励作用明显，与"基准线法"相比，除河北省外，其他省份的趋近均达到了较高水平。

综合以上分析可知，在三种分配方法中，BL-DEA模型的分配结果从整体上看更为科学，可以较好地为后续道路运输行业实现低碳发展提供技术支撑，有效推动道路运输行业的节能低碳，保障行业的绿色发展。

第五章　基于市场层面的碳排放权定价方法

第一节　碳排放权定价方法研究现状

一、国际碳排放权交易定价机制研究

碳价格的形成能够有效保障各降碳主体参与整个降碳机制的积极性。现阶段对碳排放权定价机制的研究,主要涵盖价格影响因素分析和价格形成机制等方面。Bredin 等研究了能源价格、气候变化等因素对碳价格的影响,结果表明碳价格与多种因素都具有一定相关性。Sousa 等研究了同时期电价、煤价对碳价格的影响,结果证明三者之间存在联系,且碳价格的波动与经济之间存在正相关关系。Jianlei 等针对电力企业生产成本的变化开展研究,依据实物期权理论,建立了期权理论下的多阶段决策模型,定量分析了碳交易开启造成的成本增长情况。Egteren 考虑了市场垄断对碳排放权定价的影响,认为在配额分配和定价时,应对头部大型企业倾斜考虑,提高企业参与积极性。Kanen 研究发现油价变动能够引起天然气、电力价格波动,最终影响碳价。Mansanet-Bataller 等采用回归分析,将极端天气设定为虚拟变量,研究了碳价格与石油、原油、电价和天气之间的关系。Alberola 等对 EUAs 的交易进行分析,研究发现除能源价格外,极低气温也会对碳价格造成影响。

二、国内碳排放权交易定价机制研究

刘娜等以利润最大化为目标,运用博弈理论建立了拍卖定价模型,提出了碳排放的定价机制。王修华等分析了我国碳定价当前存在的困难,并提出了解决困难的相关建议。王璟珉等开展碳排放交易定价方法研究,利用期权理论,建立了科学合理的期权定价模型。王宇露在碳限额与交易机制下分析了我国碳排放定价的影响因素,建立了符合我国实际的碳排放定价方法及实施机制。王松充分借鉴国外碳排放交易和价格调控方面的相关政策,建议我国全面开放碳交易市场时要科学设计碳排放配额储备和碳价调控制度。王双英等选取了 2006—2008 年碳交易量、碳交易价格、WTI 国际原油期货价格的面板数据进行研究,结果表明 WTI 国际原油期货价格与碳交易量及交易价格基本都是正相关关系。凤振华的相关研究表明碳现货价格和碳期货价格有较强关联关系,其中期货价格的变动能解释 50% 以上的现货价格变动情况,重大事件会显著改变期货和现货的关系。

第二节 碳排放权定价的理论与方法

一、碳排放权定价的基本概念及特征

在碳交易、碳金融等鼓励性机制建立背景下,当在政府为各地区或各企业免费分配一定的碳排放权之后,如企业在满足自身发展前提下,实际的碳排放量和免费分配的碳排放权存在差异,此时就产生了碳排放权的购买或出售的需求。这就使得减少了碳排放量的企业可以通过将碳排放量出售给碳排放量超出的企业,从而将减排效益转换为经济效益,市场层面的鼓励性政策得以发挥作用。同样地,当企业在初始分配的碳排放权用尽后仍需进行生产和发展,则必须通过市场机制进行购买或多缴纳税款。当碳排放权作为一种有价值的稀缺资源时,其明显具备了价值性、投资性、质押性、金融资产性等特征。

二、碳排放权定价的基本理论

1. 价格理论

价格是商品的交换价值在流通过程中所取得的转化形式。在经济学的范畴内,价格由商品本身的劳动价值决定,价格会围绕劳动价值而上下波动。根据劳动价值理论,碳排放权并非由个体的劳动所得,但其同样具备自然属性和社会属性,碳排放权的价值取决于个体在降低碳排放强度过程中的具体投入和劳动,如减排过程中的技术更新、设备改造、成本投入等形成的无差别的体力和脑力劳动。价值的计算可以通过比较该活动的平均社会必要劳动时间进行计算。

供给学派则更多地从产品的供需角度对价值进行讨论。一方面,产品的生产是为了使用,而不是单纯为生产而生产。因此,产品的价值更多地体现在社会对该商品的需求和该产品的供应之间的平衡关系。降碳的市场层面关键技术也在此范畴内,正是因为不同个体的碳排放权有了相互交易的渠道和需求,才创造了碳排放权的价值。

边际效用学派则提出了"边际成本理论"的概念,即每一单位新增生产的产品(或者购买的产品)带来的总成本的增量,随着产量的增加,边际成本会先减少,后增加。并将其作为价格理论的基础。商品的价格可以认为是商品能够给人们带来的满足感的主观评价。即商品价格来源于主观判断,是人们对于该物品能够满足欲望程度的评价。因此,人们通过对成本、主观意愿、市场供需等多角度的综合考虑,愿意使用该单位产品获得的利益付出相应报酬,并进一步从总需求出发,研究商品的需求曲线。

对于碳排放权的定价,传统的劳动价值论、供需论都可以提供一定的理论基础,但其在实际应用过程中的数据难以获取,如碳排放权所对应的具体社会平均劳动时间难以估计,不同地区的供需关系较难量化等。而在边际效用学派提出的边际成本理论中,碳排放权的价格在综合各类因素后,被量化为减少每单位碳排放所愿意付出的报酬,是最适合市场机制下鼓励碳排放降低的理论。目前也已经被广泛运用于世界碳交易市场。人们试图利用不同的方式科学确定碳排放权的边际成本,由此推断出其价格,并为初始定价提供参考。

2. 边际生产力理论

边际生产力理论在19世纪末被首次提出,边际生产力理论的主要内容是指在其他条件不变前提下每增加一个单位要素投入所增加的产量,即边际物质产品。而增加一个单位要素投入带来的产量所增加的收益,称为边际收益产品。并且,如果所有市场是完全竞争的,那么,资源配置就是有效率的。

边际生产力理论主要探讨边际生产力与工资相关的内容。雇主支付的工资应等于其能够带来的增量。工资倾向于跟边际劳动的产量相等。边际劳动生产力决定了边际劳动工资,同时也决定了与边际劳动工人具有相同熟练程度的所有工人的工资。劳动的边际生产力决定工资的原理如图5-1所示。

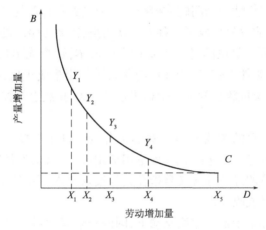

图5-1 劳动的边际生产力示意图

在图5-1中,D表示劳动量增加,B表示由于劳动量增加带来的产量增加量。Y_1表示对应第一单位劳动量X_1所带来的产量增加量,Y_2、Y_3、Y_4等依此类推。C点为最后一单位劳动量增加带来的产量增加值,即为边际劳动生产力。C点的劳动决定了这种劳动者的价格。当横轴表示资本投入时,情况相同,C点变为追加最后一单位投资带来的产量增量,即为资本的边际生产力。

边际生产力理论是本研究中对碳排放权进行定价的理论基础,贯穿碳排放影子价格的界定和我国各省(区、市)道路运输领域碳排放影子价格确定的始终,是碳排放权交易定价形成机制的基础理论,提供了重要的依据和支撑。

3. 一般均衡理论

一般均衡理论认为价格的变动受到自身供求和其他商品供求与的影响。在完全竞争的市场上,供给函数,需求函数和生产函数确定,所有生产要素和产品的价格及供求就能够自行调节,达到一个特定的、彼此相适应的稳定状态。具体到道路运输行业碳排放,一般均衡理论认为当市场上的碳排放权配额分配、碳排放权需求及单位碳排放强度确定后,碳排放权的价格可以通过市场调节的方式达到相对稳定。

4. 有效市场假说

有效市场假说是由尤金·法玛于1970年提出并深化的。有效市场假说的前提是参与市场的投资者有足够的理性,并且能够迅速对所有市场信息作出合理反映。该理论认为,在法律健全、功能良好、透明度高、竞争充分的股票市场,一切有价值的信息已经及时、准确、充分地反映在股价走势当中,其中包括企业当前和未来的价值,除非存在市场操纵,否则投资者不可能通过分析以使价格获得高于市场平均水平的超额利润。

三、碳排放权的定价方法

在以上基本理论的支持下,国内外研究学者提出了碳资产评估的新方法,主要包括影子价格法和实物期权法。

1. 影子价格法

影子价格理论来源于线性规划问题的研究。当前国家和行业的碳排放权总量由于碳达峰的要求被约束,这时碳排放权就变成了一种有总量约束,需要去争取的稀缺资源。碳排放权的影子价格定义为降低最后一单位的排放需要投入的成本,这个成本也就是碳排放权的价值。一般来说,假定生产技术条件不变,生产规模与化石燃料用量成正比,故与 CO_2 排放量也成正比,这个系数可以用单位碳排放权的影子价格表示,即 CO_2 排放总量控制下实现其最优利用的单位碳排放权估价。

在碳排放影子价格计算的领域内,可将碳排放作为一种生产投入引入方向性距离函数模型。生产要素影子价格的定义与边际成本理论相辅相成,可以认为是边际生产力的真实价值体现。生产要素影子价格的经济性含义是指在其他投入要素不变的条件下,追加的最后一单位生产要素所增加的产量或收益。

在边际生产力理论和影子价格理论驱动下,国内外学者针对碳排放权定价问题开展了相关研究。Ma. Q. Z. 等将碳排放融入距离函数,继而通过改进的 GARCH 模型对碳交易机制下,不同阶段碳排放影子价格的波动情况。Yves Rannou 等基于产出距离函数法,估计了欧洲碳市场的碳价变化情况,并提出碳交易机制运行效果不佳的主要原因是市场头部企业在一定程度上垄断了碳市场。Park 以韩国电力行业为样本,基于产出距离函数法测算了降碳成本,显示其平均影子价格为 14.04 欧元/吨。Murty 等以印度五家火力发电厂为样本,利用方向性距离函数测算了各家发电厂影子价格,发现其差异比较大。

从目前研究来看,我国利用方向性距离函数研究碳排放影子价格的学者较少,涂正革借助考虑环境的方向距离函数,利用非参数模型方法,测算了工业 CO_2 排放的影子价格。陈诗一运用参数化超越对数方向性距离函数和非参数化 DEA 两种方法研究讨论了工业 CO_2 影子价格,发现两种方法度量结果基本相似。袁鹏和程施以我国地级市工业部门为样本,采用二次型方向性距离函数估计了污染物的影子价格。刘明磊等针对我国各省级区域的单位 CO_2 排放对应的生产效率开展研究,并利用非参数估计的生产距离函数计算得出了单位 CO_2 排放的定价方法。王思斯采用随机前沿分析的参数化方法估算了我国 CO_2 边际减排成本,结果显示我国 CO_2 影子价格平均值为 0.4127 万元/吨。

2. 实物期权法

实物期权的概念 1977 年被提出,是企业价值评估和战略决策相关的重要思想方法。碳排放权对降碳主体来说是较为典型的实物期权,因为在分配后,碳排放权给降碳主体带来了在未来一段时间内选择某项具有潜在收益活动的权利。在利用实物期权法对碳排放权进行定价时,常用的模型主要分为 B-S 期权定价模型和二叉树定价模型。

根据对以上两种方法的分析可知,影子价格法主要针对行业实际情况,基于行业降碳主体降低最后一单位碳排放时的边际减排成本进行价格估算,能够更加确切地体现我国道路运输行业碳排放的本质价值,这与行业节能低碳的目标紧密结合,能够帮助降碳主体更好核算通过应用节能低碳技术降低碳排放的经济收益,有效推动行业节能低碳目标实现。

实物期权法则更偏向金融期货的概念,一般要求有一定的以往市场交易数据为基础进行评估,我国道路运输行业碳交易市场尚未开启,缺乏以往交易数据。且实物期权法更多体现的是碳资产在现有市场下的价格表现,可能产生价格与本质价值的背离。

因此,本章采用影子价格法进行道路运输行业碳排放权的定价机制分析。

第三节　道路运输行业碳排放权定价的影子价格模型

结合当前道路运输行业发展现状,根据不同地区的实际情况,建立影子价格模型,获取相应指标计算道路运输行业单位碳排放影子价格,能够为道路运输行业碳排放权的科学定价奠定坚实基础,为后期市场层面鼓励性政策的实施提供依据和参考。

一、影子价格模型建立

本书首先利用方向距离函数构造环境生产技术产出集,然后根据对偶理论建立包含非期望产出影子价格的计算模型,最后利用非参数 DEA 方法对距离函数进行估计,求出道路运输行业碳排放权的影子价格。

1. 环境技术产出集

道路运输企业在进行生产活动时,其产出可分为可为企业带来效益的期望产出和不能带来效益的非期望产出。其中碳排放是较为典型的非期望产出。包括期望产出和非期望产出在内的投入产出指标可以构成环境技术产出集,产出集一般具有如下特点:

(1)联合弱处理性,在行业的生产技术和效率一定的情况下,期望产出和非期望产出会以相同的比例变化。对于道路运输行业碳排放而言,即减少碳排放的同时,也会造成运输企业运营规模的下降及企业收益的减少。

(2)强可处置性,即降碳主体可以按照自己的意愿决定期望产出的多少,企业可以根据自身实际,当时的市场环境,行业的降碳要求等,自主控制期望产出。

(3)期望产出和非期望产出共生,期望产出必将带来非期望产出。

设集合 $P(x)$ 是 N 种投入要素 x 能够带来的产出。投入向量 $x = (x_1, \cdots, x_N) \in R_+^N$,期望产出向量 $y^g = (y_1^g, \cdots, y_M^g) \in R_+^M$,非期望产出向量 $y^b = (y_1^b, \cdots, y_J^b) \in R_+^J$,则 $P(x)$ 可表示为式(5-1)。

$$P(x) = \{(y^g, y^b) : x \text{ 可以生产} (y^g, y^b)\}, x \in R_+^N \tag{5-1}$$

2. 方向性距离函数

方向性距离函数是生产函数的一种,求解的是在一定的投入要素前提下,获得最大期望产出和最小非期望产出的集合。针对道路运输行业碳排放定价问题,首先通过设定方向向量,确定期望产出和非期望产出的优化方向,建立方向性距离函数的表达式。

假设方向向量 $g = (g_y, g_b)$,$g_y \in R_+^M$,$g_b \in R_+^J$,表示决策单元在 g_y 方向生产期望产出,在 g_b 方向生产非期望产出。则方向性距离函数 $\vec{D}_0^t$ 可定义为式(5-2)。

$$\vec{D}_0^t(x^t, y^{g,t}, y^{b,t}, g_y, g_b) = \max[\beta:(y^{g,t} + \beta g_y, y^{b,t} - \beta g_b) \in P^t(x^t)] \tag{5-2}$$

3. 方向性距离函数推导单位碳排放权影子价格

单位碳排放权的影子价格可以认为是在生产前沿面上,减少一单位碳排放企业所获得的机会成本。在行业低碳发展之初,单位碳排放权的价格是难以确定的,因此,对于单位碳排放影子价格的估计,可以通过利润函数和方向性距离函数互为对偶关系这一特性来进行推导。

设 $p = (p_1, \cdots, p_M)$ 为期望产出的价格向量,$q = (q_1, \cdots, q_M)$ 为非期望产出的价格向量,$w = (w_1, \cdots, w_M)$ 是投入要素的价格向量,利润函数可以定义为式(5-3)。

$$\pi(w, p, q) = \max_{x, y, b}\{py - wx - qb : (y, b) \in P(x)\} \tag{5-3}$$

由于 $\vec{D}_0(x, y, b; g_y, g_b) \geq 0$,利润函数可以等价为式(5-4)。

$$\pi(w, p, q) = \max_{x, y, b}\{py - wx - qb : \vec{D}_0(x, y, b; g_y, g_b) \geq 0\} \tag{5-4}$$

且

$$(y + \beta g_y, b - \beta g_b) = \{y + \vec{D}_0(x, y, b; g) \cdot g_y, b - \vec{D}_0(x, y, b; g) \cdot g_b \in P(x)\} \tag{5-5}$$

推导利润函数如式(5-6)。

$$\pi(w, p, q) \geq (p, -q)[y + \vec{D}_0(x, y, b; g) \cdot g_y, b - \vec{D}_0(x, y, b; g) \cdot g_b] - wx \tag{5-6}$$

改写形式如式(5-7)。

$$\vec{D}_0(x, y, b; g) \leq \frac{\pi(w, p, q) - (py - wx - qb)}{pg_y + qg_b} \tag{5-7}$$

应用包络原理,对上式求偏导数,可得式(5-8)。

$$\begin{cases} \dfrac{\partial \vec{D}_0(x, y, b; g)}{\partial y} = \dfrac{-p}{pg_y + qg_b} \leq 0 \\ \dfrac{\partial \vec{D}_0(x, y, b; g)}{\partial b} = \dfrac{q}{pg_y + qg_b} \geq 0 \\ q_J = -p_m \left[\dfrac{\partial \vec{D}_0(x, y, b; g)/\partial b_J}{\partial \vec{D}_0(x, y, b; g)/\partial y_m}\right] \quad j = 1, \cdots, J \end{cases} \tag{5-8}$$

4. 非参数法估计非期望产出影子价格

相对方向性产出距离函数的参数形式而言,非参数化方法的最大优点就是不需要对方程形式施加任何先验模式。近年来,利用非参数方法估计产出方向性距离函数并在此基础上测算影子价格的相关研究也开始增多,但对于其线性规划的设定,不同研究者的测算方法不尽相同。

本书利用分段线性生产技术和线性规划方法来估计产出方向性距离函数,具体如式(5-9)。

$$\vec{D}_0^t(x^{t,i}, y^{g,i}, y^{b,i}, g_y, g_b) = \max\beta \tag{5-9}$$

其中 $g = (g_y, g_b)$ 为方向向量,另 $g_y = 1$,$g_b = -1$,则:

$$\vec{D}_0^t(x^{t,i}, y^{g,i}, y^{b,i}, g_y, g_b) = \vec{D}_0^t(x^{t,i}, y^{g,i}, y^{b,i}, 1, -1) = \max\beta$$

$$\text{s.t.} \begin{cases} Y\lambda \geq (1+\beta) y^{g,i} \\ B\lambda \leq (1-\beta) y^{b,i} \\ X\lambda \leq x^{t,i} \\ i^T \lambda \leq 1 \\ \lambda \geq 0 \\ \beta \geq 0 \end{cases} \tag{5-10}$$

其中 X、Y、B 分别代表投入、期望产出和非期望产出矩阵，i 为单位列向量，$\vec{D}_0(x_k, y_k^g, y_k^b, 1, -1)$ 是第 K 个决策单元的效率距离函数值。λ_i 为强度列向量。

5. 非径向 DEA 测算非期望产出影子价格

$$D = \min \frac{1 - \frac{1}{m}\sum_{i=1}^{m}\frac{s_i^-}{x_{i0}}}{1 + \frac{1}{s_1+s_2}\left(\sum_{r=1}^{s_1}\frac{s_r^g}{y_{r0}^g} + \sum_{r=1}^{s_2}\frac{s_r^b}{y_{r0}^b}\right)}$$

$$\text{s.t.} \begin{cases} x_0 = X\lambda + s^- \\ y_0^g = Y^g\lambda - s^g \\ y_0^b = Y^b\lambda + s^b \\ s^- \geq 0, s^g \geq 0, s^b \geq 0, \lambda \geq 0 \end{cases} \tag{5-11}$$

式中：λ ——权重向量；
s ——松弛变量。

目标函数是关于 s^-, s^g, s^b 严格单调递减的，$0 \leq D \leq 1$。

上式为分式规划，将其变换为线性规划模型后，并建立对偶规划，即可得到对于具有松弛变量的 SBM 方法推导影子价格求解方法：

$$\max(u^g y_0^g - v x_0 - u^b y_0^b)$$

$$\text{s.t.} \begin{cases} u^g Y^g - vX - u^b Y^b \leq 0 \\ v \geq \frac{1}{m}[1/x_0] \\ u^g \geq \frac{1 + u^g y_0 - v x_0 - u^b b_0}{s}[1/y_0] \\ u^b \geq \frac{1 + u^g y_0 - v x_0 - u^b b_0}{s}[1/b_0] \end{cases} \tag{5-12}$$

式中：v ——投入对偶价格；
u^g ——期望产出；
u^b ——非期望产出。

式中 $s = s_1 + s_2$，期望产出的市场价格是影子价格，非期望产出的影子价格可以用期望产出价格来表示。

$$p^b = p^g \frac{u^b}{u^g} \tag{5-13}$$

二、各省(区、市)单位碳排放权影子价格计算

为保障研究基础数据的统一性,在进行道路运输行业各省碳排放权影子价格模型计算时,所用投入产出指标同样由2019年度的中国统计年鉴和中国能源统计年鉴获取,与第四章研究中利用BL-DEA模型进行分配时的数据一致,具体数据见表4-2。

根据以上模型研究,结合表4-2数据,利用MATLAB软件进行编程求解,可得到我国道路运输行业各省(区、市)碳排放权的影子价格即各省单位碳排放权定价,如表5-1所示。

各省(区、市)单位碳排放权定价　　　　表5-1

省(区、市)	影子价格(元)
北京	531.26
天津	159.98
河北	224.80
山西	207.56
内蒙古	237.23
辽宁	334.01
吉林	161.84
黑龙江	184.17
上海	181.57
江苏	286.34
浙江	316.28
安徽	334.01
福建	334.15
江西	331.95
山东	181.27
河南	260.29
湖北	329.08
湖南	314.19
广东	162.20
广西	305.92
海南	174.59
重庆	214.71
四川	334.01
贵州	165.55
云南	218.76
陕西	219.07
甘肃	267.31
青海	61.08
宁夏	121.99
新疆	220.53

第四节 约束总量分配方法及碳排放权定价机制的实证分析

为验证第四章对各省(区、市)的碳排放量分配及本章对各省(区、市)单位碳排放权价格的定价方法是否符合实际,本书选取了我国经济较为发达的江苏省内某个车辆规模较大,能耗监测统计规范的典型公路客运企业,利用其相关数据统计开展实证分析。

一、本企业碳排放量的分配情况

该企业主要从事江苏省内及省际的班线客运业务,目前企业共拥有公营车辆1016辆,其中少量为小型客运汽油车辆,大部分为车长6~12m的柴油班线客车,根据其客票销售系统记录,该企业全年共完成客运周转量3.58亿人公里,公司整体营业收入超过100亿元,利润超过8亿元。

由于当前我国道路运输相关数据的统计监测尚不完善,研究难以获取江苏省全部道路运输企业的产值、运输量、从业人员数、车辆保有量、燃料消耗量、客运周转量、货运周转量、实际碳排放等数据,在开展省内企业的碳排放量分配时,尚无法应用BL-DEA分配方法。但考虑相比全国,一是江苏省内经济发展程度大致相同,省内运输企业完成同样周转量情况下的产值也基本一致;二是由于市场竞争机制存在,江苏省内各运输企业的单位净利润相差不大,从业人员工资等也应在同一水平线。因此,对于同一个省份,可暂以该企业所拥有车辆数在全省车辆数中的占比作为依据,同比例分配碳排放量。

该企业共拥有公营车辆1016辆,江苏省全省共拥有车辆数90.63万辆,该企业车辆数占比为0.11%。江苏省全省道路运输碳排放量分配值为2620万吨,按照同比例计算,该企业下一年度能够被分配的碳排放量为2620×0.11%=28820t。

二、基于碳排放影子价格的收益情况

依据企业现有能耗统计,可以获取该企业全年在公路客运领域所消耗的燃料数量,辅以燃料的碳排放潜在因子,能够大致估算出该企业全年因营运车辆燃料消耗导致的碳排放数量。具体如表5-2所示。

某企业年度化石燃料CO_2排放量数据表　　　　表5-2

燃料类型	净消耗量(t)	CO_2潜在排放系数(t/t)	CO_2排放量(t)
柴油	6596.57	3.0959	20422.32
汽油	1938.08	2.9251	5669.08
合计	—	—	26091.4

由表5-2可见,该企业2019年度,通过营运车辆化石燃料消耗排放的CO_2总量为26091.4t。相比约束总量分配中分配到的28820t较小,因此,该企业可以在本年度出售碳排放权2728.6t,约占总排放量的10%。

根据本章研究成果,江苏省道路运输行业每吨碳排放权的定价为286.34元。因此,该企业出售碳排放权可收益 2728.6×286.34=78.13 万元,约为企业全年总收益的 0.1%。

三、实证分析结论

综合以上,本书利用第四章和第五章的研究成果,对江苏省某企业开展了实证分析,得出验证结论。

1. 研究得出的碳排放约束量分配方法较为科学

通过对该企业实际碳排放量和碳排放量分配值的对比可知,其值相差在10%以内,能够有效证明该分配可以基本反映道路运输企业在实际运营过程中的碳排放情况,不会出现碳排放量分配过大导致企业丧失节能低碳积极性的情况。同时,由于该企业在道路运输行业的能耗统计和节能低碳技术应用等都处于前列,其实际碳排放量小于分配值,说明当前分配可以有效区分企业的节能低碳效果。

2. 研究得出的碳排放权定价较为科学

通过对该企业出售碳排放权所获得的收益角度,企业本年度可获收益78.13万元,约为企业全年利润的0.1%。该收益即能有效提高企业参与节能低碳的积极性,又不会因为收益过高导致企业通过放弃原有的相关运营业务,即减少车辆使用的方式来减少碳排放量。

综合以上,通过对江苏省的实证分析,本书所提出的碳交易约束总量的分配方法及定价方法相关研究成果可以较好地在江苏省内道路运输企业得到应用,且由于 BL-DEA 模型的分配是以总体效率最大化而非单个决策单元效率最大化为首要目标和原则,兼顾公平和绩效考虑,因此,各地区之间的分配并不独立,是相互协同,相互影响的。江苏省碳排放约束量分配的科学性能够在一定程度上佐证整个分配系统的科学性,也可以证明该方法能较为有效地支撑整个道路运输行业的绿色低碳发展。

第六章 基于技术层面的车辆碳排放量核算方法

综合第四和第五章相关研究成果,已经基本确定了我国道路运输行业碳排放约束总量的估计,在当前背景下各省(区、市)可分配得到的碳排放量,以及我国不同地区单位碳排放权定价情况。为保障本书研究提出的低碳发展路径能够在道路运输行业有序施行,需要建立一套基于实际运行工况的营运车辆碳排放量核算方法,保障营运车辆实际碳排放量核算的准确性,这是本章研究需要解决的问题。

在营运车辆碳排放实时统计监测机制被完善建立后,可以利用监测数据准确计算出车辆碳排放量情况。当前碳排放量监测体系尚未建立,营运车辆在碳排放量核算方面的难点是其实际运行燃料消耗量会随着使用工况的变化而不断变化,因此,本书研究提出了基于实际运行工况的道路运输行业碳排放量核算方法,作为行业营运车辆碳排放量统计监测制度建立之初的一种过渡方法。其本质是明确营运车辆实际运行燃料消耗量的影响因素,并开展相关影响因素修正系数的计算。

第一节 碳排放量核算层面国内外研究现状

一、国际碳排放量核算方法研究

国外发达国家已经建立了较为完善的碳排放量统计监测体系,交通运输行业作为重点耗能和温室气体排放行业,也被纳入其中。为科学做好交通运输行业碳排放量监测和核算,国外学者开展了相关研究。Ramudhin 等针对供应链排放开展研究,综合考虑产品在生产、运输过程中的碳排放量问题,建立了新的决策模型。估算运输过程中空气污染物排放方法项目总结了运输行业燃料消耗量核算的相关模型,提供了与能源消耗相关的污染物排放因子。Tolga Bektas 等考虑了车辆在实际应用过程中的碳排放量影响因素,拓展了经典的最短路径模型,从低碳角度出发建立了新的车辆路径模型。Emrah Demir 同样开展了车辆在实际应用过程中的碳排放量影响因素,通过对不同燃料的分析,得出为结论车辆载质量、运行速度及加速度是影响车辆实际运行碳排放量的重要因素,并在此基础上开展了带时间窗的车辆路径问题研究,建立了以时间最小和排放最少为目标的路径规划模型。

二、国内碳排放量核算方法研究

王靖添从交通运输碳交易顶层设计、核查方法体系、配额分配方案等各方面提出了对策建议,并建议加快形成交通运输行业碳排放量核算方法。杨加猛、万文娟基于江苏省温室气体排放基本情况,利用《综合能耗计算通则》,采取自上而下和自下而上相结合的方法对道路运输碳排放状况进行了核算。秦新生在阐述企业层面碳排放量核算标准的基础上,对国外物流企业碳排放量计算方法进行比较分析,研究物流企业移动源和固定源碳排放量指标计算方法,并利用算例进一步验证该计算方法的可行性与合理性。储诚山、陈洪波等通过分析城市道路客运交通内涵,能源消耗种类及主要温室气体类别,对城市道路客运交通碳排放量核算方法,能源来源,排放因子等进行了详细阐述,并对核算方法的可应用性进行验证。

第二节 营运车辆实际运行碳排放量影响因素分析

一、碳排放量影响因素与燃料消耗量的关系

根据第三章式(3-1)可知,营运车辆单位客货运周转量碳排放量由单位客货运周转量能耗与燃料密度、燃料低位发热量、燃料碳排放因子的乘积求得,后三项均为常数,因此,单位客货运周转量碳排放量取决于单位客货运周转量能耗。对营运车辆运行实际碳排放量影响因素分析的问题,可直接转换为对营运车辆实际运行燃料消耗量影响因素的分析。

二、燃料消耗量影响因素的理论分析

汽车行驶的每一瞬间,发动机输出的功率总是等于机械传动损失与各种形式阻力所消耗的功率总和,这就是汽车的驱动力平衡方程。

汽车行驶过程中所遇到的阻力主要有滚动阻力、坡度阻力、空气阻力和加速阻力四种,与汽车行驶的各阻力相对应,汽车运行所消耗的阻力功率包括滚动阻力功率、坡度阻力功率、空气阻力功率和加速阻力功率。

(1)克服滚动阻力所消耗的滚动阻力功率为:

$$P_f = \frac{Gf\cos\alpha}{3600}v \tag{6-1}$$

式中:G——汽车总重力,单位为 N;
f——滚动阻力系数;
α——路面坡度角,单位为°;
v——车速,单位为 km/h。

(2)克服坡度阻力所消耗的坡度阻力功率为:

$$P_i = \frac{Gf\sin\alpha}{3600}v \tag{6-2}$$

(3)克服空气阻力所消耗的空气阻力功率为:

$$P_w = \frac{C_D A v^3}{3600 \times 21.15} = \frac{C_D A v^3}{76140} \tag{6-3}$$

式中:C_D——空气阻力系数;
A——汽车的迎风面积,单位为 m²。

(4)克服加速阻力所消耗的加速阻力功率为:

$$P_j = \frac{\delta G v}{3600g}j \tag{6-4}$$

式中：δ——旋转质量换算系数；

j——加速度，单位为 m/s²。

由以上可知，发动机功率可由式(6-5)表示。

$$P_e \eta_T = P_f + P_w + P_i + P_j \tag{6-5}$$

因此，可得出汽车的功率平衡方程式如式(6-6)。

$$P_e = \frac{1}{\eta_T} \left(\frac{Gfv\cos\alpha}{3600} + \frac{Gv\sin\alpha}{3600} + \frac{C_D A v^3}{76140} + \frac{\delta G v j}{3600g} \right) \tag{6-6}$$

式中：η_T——传动系机械效率；

公式符号意义同前。

由以上可知，汽车在实际运行过程中的百公里燃料消耗量可由式(6-7)表示。

$$Q = \frac{P_e b_e}{1000\gamma} \tag{6-7}$$

式中：Q——汽车运行的燃油消耗量，单位为 L；

b_e——发动机每小时燃油消耗率，单位为 g/(kW·h)；

γ——燃油密度，单位为 kg/L。

因此，汽车行驶的燃料消耗量计算如式(6-8)。

$$Q = \frac{b_e}{3600000\gamma\eta_T} \left(Gf\cos\alpha + G\sin\alpha + \delta\frac{G}{g}j + \frac{C_D A v^3}{21.15} \right) \tag{6-8}$$

公式符号意义同前。

由式(6-8)可知，针对同一辆车，影响其运行过程中实际燃料消耗量的因素主要包括实际载质量、由于交通拥堵造成的车辆运行速度及车辆运行过程中受温度、道路等因素影响的相关阻力系数。其中车辆的实际载质量是车辆实际运行燃料消耗量的最主要因素，同时车辆运行速度及相关阻力系数也对车辆运行燃料消耗量有一定影响。

第三节 营运车辆实际载质量对碳排放量的影响

在当前道路客运行业的统计中，一般以实载率代表实际载客人数。在道路货运行业的统计中，一般以实载率及实际载质量作为统计指标。为保障统计指标的一致性及可获得性，本书统一以车辆实载率指标代替营运车辆的实际载质量。营运车辆实载率是指一定时期内，营运车辆实际完成的周转量与总行程吨位公里的比值，能够综合反映车辆的行程利用程度和运输能力的利用程度。因此，本节主要讨论营运车辆实载率对碳排放量的影响。

一、营运车辆实载率对碳排放影响的理论分析

由单位运输周转量能耗的定义可得式(6-9)。

$$Q_u = \frac{Q}{M x l} \tag{6-9}$$

式中：Q_u——单位客货运周转量能耗，单位为 L/tkm 或 L/pkm；

Q——为营运车辆总油耗，单位为 L；

x——为车辆实载率,单位为%;

l——为车辆行程,单位为 km。

M——为车辆额定载质量,单位为 t 或 p。

将式(6-9)代入式(6-8)中可得:

$$Q_u = \frac{b_e \left(Gf\cos\alpha + G\sin\alpha + \delta \frac{G}{g}j + \frac{C_D A v^3}{21.15}\right)}{3600000 \gamma \eta_T M x l} \tag{6-10}$$

公式符号意义同前。

在式(6-10)中,对于同一辆营运车辆,除实载率外,其他均为常数。因此,可以认为,针对同一车辆,单位客货运周转量能耗与实载率之间的关系为:

$$Q_u = a \times \frac{1}{x} + b \tag{6-11}$$

式中 a,b 为常数。

经过以上理论分析及数学公式推导,可知实载率与单位客货运周转量能耗之间存在倒数关系,考虑目前车辆类型的多样化,无法精确计算出 a 与 b 的取值;但针对整个道路运输领域碳排放量的计算,更为关注的应为同车型的平均值,而非单一车辆的绝对值,因此,本书通过对部分车辆检测机构的实地调研,获得了不同车型在不同实载率下的油耗数据,并采用回归分析,对数据进行拟合,从而了解针对某一车型,实载率与周转量能耗的变化关系模型。

二、回归分析步骤

基于已有基础数据拟合实载率和周转量能耗影响关系模型的回归方程,具体步骤主要包括以下几个方面。

1. 通过变量散点图,观察变量相关性

变量散点图的绘制是回归分析中必不可少的步骤。通过散点图,可以达到两个目的。第一、观察变量数据是否存在线性依存关系,从而确定是否进行线性回归方程拟合;第二、可以预先观察到模型的一些问题,如异方差、非线性、异常值等。

2. 选定自变量和因变量,进行回归拟合

在本研究中,自变量为车辆实载率,因变量为车辆周转量能耗。

3. 回归方程检验。

回归方程建立以后,必须对方程进行检验。回归方程的检验涉及经济意义检验、拟合优度检验、显著性检验等。

(1)经济意义检验

经济意义检验主要是检验参数估计值的符号和取值范围是否与其相对的实际经验一致,如果不一致,说明该回归方程不能很好地解决提出的经济问题,不能通过经济意义检验,必须寻找原因,重新拟合。一般检验不通过的主要原因包括样本容量偏小,样本数据代表性不足,回归模型假设条件没有被满足等。

(2) 拟合优度检验

回归方程是对样本数据的拟合,不同的估计方法可以拟合不同的回归曲线,但拟合的精度则取决于回归曲线对样本数据的拟合优度,拟合优度简单来说就是回归曲线和散点之间的联系程度,一般应用可决系数 R^2 作为检验参数,可决系数定义为:

$$R^2 = 1 - \frac{RSS}{SS} = \frac{SS_{reg}}{SS} \tag{6-12}$$

式(6-12)中,SS 为因变量方差,SS_{reg} 为回归平方和,RSS 为残差平方和,可决系数取之为 0~1 之间,取值大说明拟合效果好,一般认为大于 0.7 通过拟合度检验。

(3) 显著性检验

显著性检验旨在检验变量之间的线性关系是否统计显著,一般通过 F 检验完成,F 统计量的构造如下:

$$F = \frac{SS_{reg}/k}{RSS/(n-k-1)} \tag{6-13}$$

式(6-13)中,k 表示自变量个数,在一元线性回归和一元非线性回归中,$k=1$。如 F 值大于临界值,或显著性水平概率 $P<0.05$,认为通过检验,F 取值越大,说明显著性检验越好。

三、不同类型营运客车模型拟合

为保障实际应用中的可操作性,按照车长进行车辆分类,6~9m 的为中型客车,9~12m 为大型客车,12m 以上为特大型客车。本书通过实地调研行业较为典型的班线客运企业,利用企业自有售票平台,获取了车辆的油耗与实载率数据,如表6-1 所示。

客车实载率与周转量能耗调研数据　　　　表 6-1

中型客车(6~9m)		大型客车(9~12m)		特大型客车(12m 以上)	
实载率(%)	周转量能耗[L/(1000p·km)]	实载率(%)	周转量能耗[L/(1000p·km)]	实载率(%)	周转量能耗[L/(1000p·km)]
67	9.69	71	9.16	68	8.01
95	6.37	56	10.93	69	7.92
58	11.45	60	10.32	32	14.63
46	13.86	38	14.38	34	12.37
48	14.47	29	19.13	63	8.68
36	22.56	37	15.94	75	7.10
32	23.51	73	9.16	80	5.93
90	7.13	39	13.83	59	9.09
89	8.34	87	8.03	77	6.96
28	26.08	90	6.55	55	9.57
77	8.54	74	8.76	50	10.28
63	10.18	51	11.85	48	10.61
75	8.59	35	16.68	65	7.55

续上表

中型客车(6~9m)		大型客车(9~12m)		特大型客车(12m以上)	
实载率(%)	周转量能耗[L/(1000p·km)]	实载率(%)	周转量能耗[L/(1000p·km)]	实载率(%)	周转量能耗[L/(1000p·km)]
66	10.01	69	9.82	53	9.83
59	11.44	90	7.61	40	11.99
71	9.52	96	6.21	66	9.01
61	11.05	45	13.08	90	6.69
88	7.29	77	8.52	41	11.97
57	11.9	87	6.63	85	7.01
92	6.81	81	8.21	86	6.90
74	8.61	22	27.16	72	7.81
31	23.41	32	18.26	57	9.32
42	16.02	79	8.41	47	10.74
82	8.95	58	10.63	52	9.73

1. 中型客运车辆模型拟合

根据表6-1中数据,绘制数据散点图如图6-1所示。对散点进行拟合,拟合关系的选择上,Linear代表线性拟合,Inverse代表倒数拟合,Exponential代表指数拟合,最终的拟合情况如图6-2所示。

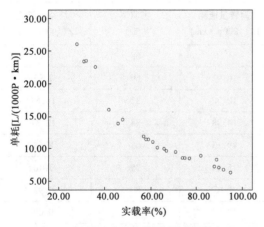

图6-1 中型客车实载率与周转量能耗散点图　　图6-2 中型客车实载率与周转量能耗拟合曲线

由图6-2已经可以看出,倒数关系曲线对数据散点的拟合性最好,也验证了上一节理论分析的正确性。为进一步检验拟合的准确性和合理性,对拟合情况的检验结果进行分析。

该拟合中包含24项数据,均为正值,没有用户缺失值和系统缺失值,样本数据满足曲线回归要求,拟合有效。

中型客车模型拟合情况及参数估计如表 6-2 所示。

中型客车模型拟合情况及参数估计 表6-2

模型	模型验证		模型参数	
	可决系数	显著性检验	常数	系数
线性	0.852	126.388	28.895	-0.260
指数	0.945	377.100	38.888	-0.019
倒数	0.983	1258.764	-1.760	788.531

由表 6-2 可知,通过第 2 列可决系数检验,倒数模型对离散数据点的拟合效果最好。通过第 3 列的显著性检验,倒数模型的 F 值最大,显著性检验最好。综上,倒数模型的拟合表现最好,证实了理论研究的结果。

由表 6-2 可见,中型客车实载率与周转量能耗拟合的回归方程见式(6-14)。

$$y = 788.531 \times \frac{1}{x} - 1.760 \tag{6-14}$$

式中:y——车辆单耗,单位为 L/1000(p·km);

x——车辆实载率,单位为%。

2. 大型客运车辆模型拟合

根据表 6-1 中数据,绘制数据散点图如图 6-3 所示。对散点进行拟合,拟合关系的选择上,Linear 代表线性拟合,Inverse 代表倒数拟合,Exponential 代表指数拟合,最终的拟合情况如图 6-4 所示。

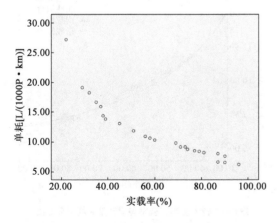

图 6-3 大型客车实载率与周转量能耗散点图

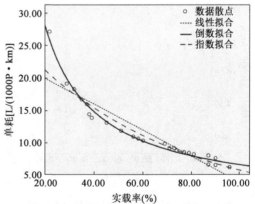

图 6-4 大型客车实载率与周转量能耗拟合曲线

由图 6-4 已经可以看出,倒数关系曲线对数据散点的拟合性最好,也验证了上一节理论分析的正确性。为进一步检验拟合的准确性和合理性,对拟合情况的检验结果进行析。

该拟合中包含 24 项数据,均为正值,没有用户缺失值和系统缺失值,样本数据满足曲线回归要求,拟合有效。

大型客车模型拟合情况及参数估计如表 6-3 所示。

大型客车模型拟合情况及参数估计 表 6-3

模 型	模 型 验 证		模 型 参 数	
	可决系数	显著性检验	常数	系数
线性	0.835	111.680	23.994	−0.201
指数	0.948	398.987	29.445	−0.016
倒数	0.985	1445.344	1.187	543.114

由表 6-3 可知,通过第 2 列可决系数检验,倒数模型对离散数据点的拟合效果最好。通过第 3 列的显著性检验,倒数模型的 F 值最大,显著性检验最好。综上,倒数模型的拟合表现最好,证实了理论研究的结果。

由表 6-3 可见,大型客车实载率与周转量能耗拟合的回归方程见式(6-15)。

$$y = 543.114 \times \frac{1}{x} + 1.187 \tag{6-15}$$

公式符号意义同前。

3. 特大型客运车辆模型拟合

根据表 6-1 中数据,绘制数据散点图如图 6-5 所示。对散点进行拟合,拟合关系的选择上,Linear 代表线性拟合,Inverse 代表倒数拟合,Exponential 代表指数拟合,最终的拟合情况如图 6-6 所示。

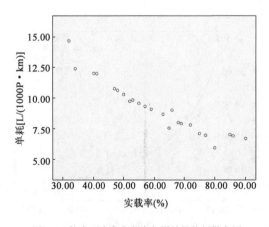

图 6-5 特大型客车实载率与周转量能耗散点图

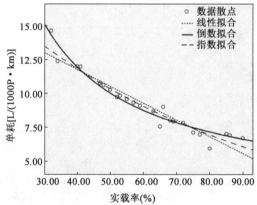

图 6-6 特大客车实载率与周转量能耗拟合曲线

由图 6-6 已经可以看出,倒数关系曲线对数据散点的拟合性最好,也验证了上一节理论分析的正确性。为进一步检验拟合的准确性和合理性,对拟合情况的检验结果进行分析。

该拟合中包含 24 项数据,均为正值,没有用户缺失值和系统缺失值,样本数据满足曲线回归要求,拟合有效。

大型客车模型拟合情况及参数估计如表 6-4 所示。

特大型客车模型拟合情况及参数估计 表6-4

模型	模型验证		模型参数	
	可决系数	显著性检验	常数	系数
线性	0.908	216.659	16.728	−0.124
指数	0.930	293.051	20.150	−0.013
倒数	0.950	421.850	2.351	383.473

特大型客车模型拟合情况及参数估计如表6-4所示,通过第2列可决系数检验,倒数模型对离散数据点的拟合效果最好。通过第3列的显著性检验,倒数模型的 F 值最大,显著性检验最好。综上,倒数模型的拟合表现最好,证实了理论研究的结果。

由表6-4可见,特大型客车实载率与周转量能耗拟合的回归方程见式(6-16)。

$$y = 383.473 \times \frac{1}{x} + 2.351 \tag{6-16}$$

四、不同类型营运货车模型拟合

为保障实际应用中的可操作性,本书按照营运货车总质量进行车辆分类,总质量1.8~4.5t的为轻型货车,4.5~12t为中型货车,12t以上为重型货车。本书通过实地调研行业较为典型的干线货运企业,利用企业货物运单,获取了车辆的油耗与实载率数据,如表6-5所示。

货车实载率与周转量能耗调研数据 表6-5

轻型货车(1.8~4.5t)		中型货车(4.5~12t)		重型货车(12t以上)	
实载率(%)	周转量能耗[L/(100t·km)]	实载率(%)	周转量能耗[L/(100t·km)]	实载率(%)	周转量能耗[L/(100t·km)]
98	5.65	79	5.93	60	4.17
50	9.5	77	6.19	47	5.48
67	7.31	70	6.9	46	5.93
41	9.95	90	5.41	65	3.94
37	11.95	68	6.6	95	2.1
85	6.18	77	6.19	64	3.01
95	5.97	78	6.12	85	2.52
47	9.83	95	5.15	82	2.47
58	8.41	93	5.17	80	2.86
40	10.56	97	5.21	84	2.36

续上表

轻型货车(1.8~4.5t)		中型货车(4.5~12t)		重型货车(12t以上)	
实载率(%)	周转量能耗[L/(100t·km)]	实载率(%)	周转量能耗[L/(100t·km)]	实载率(%)	周转量能耗[L/(100t·km)]
71	7.02	100	4.9	98	1.67
64	7.69	91	5.34	68	3.51
78	6.73	75	6.41	44	6.2
81	6.6	67	7.31	55	4.67
52	9.05	93	5.16	40	7.49
87	7.01	88	5.82	57	4.46
90	6.05	95	5.23	50	5.28
43	10.56	99	5.01	51	4.73

1. 轻型货运车辆模型拟合

根据表6-5中数据,绘制数据散点图如图6-7所示。对散点进行拟合,拟合关系的选择上,Linear代表线性拟合,Inverse代表倒数拟合,Exponential代表指数拟合,最终的拟合情况如图6-8所示。

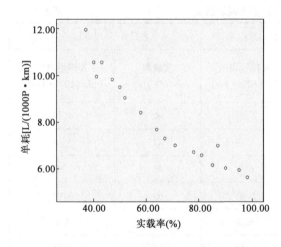

图6-7 轻型货车实载率与周转量能耗散点图

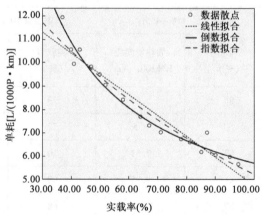

图6-8 轻型货车实载率与周转量能耗拟合曲线

由图6-8已经可以看出,倒数关系曲线对数据散点的拟合性最好,也验证了上一节理论分析的正确性。为进一步检验拟合的准确性和合理性,对拟合情况的检验结果进行分析。

该拟合中包含18项数据,均为正值,没有用户缺失值和系统缺失值,样本数据满足曲线回归要求,拟合有效。

轻型货车模型拟合情况及参数估计如表6-6所示。

轻型客车模型拟合情况及参数估计 表6-6

模 型	模型验证		模型参数	
	可决系数	显著性检验	常数	系数
线性	0.926	200.616	13.991	-0.089
指数	0.955	341.315	16.314	-0.011
倒数	0.973	572.250	2.415	339.205

由表6-6可见,通过第2列可决系数检验,倒数模型对离散数据点的拟合效果最好。通过第3列的显著性检验,倒数模型的F值最大,显著性检验最好。综上,倒数模型的拟合表现最好,证实了理论研究的结果。

由表6-6可见,轻型货车实载率与周转量能耗拟合的回归方程见式(6-17)。

$$y = 339.205 \times \frac{1}{x} + 2.415 \tag{6-17}$$

式中符号意义同前。

2. 中型货运车辆模型拟合

根据表6-5中数据,绘制数据散点图如图6-9所示。对散点进行拟合,拟合关系的选择上,Linear代表线性拟合,Inverse代表倒数拟合,Exponential代表指数拟合,最终的拟合情况如图6-10所示。

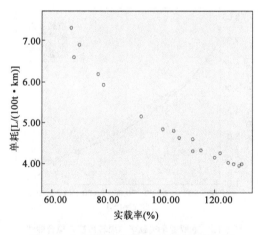

图6-9 中型货车实载率与周转量能耗散点图

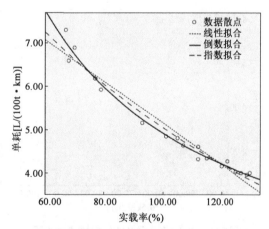

图6-10 中型货车实载率与周转量能耗拟合曲线

由图6-10已经可以看出,倒数关系曲线对数据散点的拟合性最好,也验证了上一节理论分析的正确性。为进一步检验拟合的准确性和合理性,对拟合情况的检验结果进行分析。

该拟合中包含18项数据,均为正值,没有用户缺失值和系统缺失值,样本数据满足曲线回归要求,拟合有效。

中型货车模型拟合情况及参数估计如表6-7所示。

中型客车模型拟合情况及参数估计   表6-7

模型	模型验证		模型参数	
	可决系数	显著性检验	常数	系数
线性	0.953	323.476	9.960	−0.048
指数	0.976	642.940	12.512	−0.009
倒数	0.985	1032.496	0.662	425.951

由表6-7可见,通过第2列可决系数检验,倒数模型对离散数据点的拟合效果最好。通过第3列的显著性检验,倒数模型的 F 值最大,显著性检验最好。综上,倒数模型的拟合表现最好,证实了理论研究的结果。

由表6-7可见,中型货车实载率与周转量能耗拟合的回归方程见式(6-18)。

$$y = 425.951 \times \frac{1}{x} + 0.662 \tag{6-18}$$

3. 重型货运车辆模型拟合

根据表6-5中数据,绘制数据散点图如图6-11所示。对散点进行拟合,拟合关系的选择上,Linear代表线性拟合,Inverse代表倒数拟合,Exponential代表指数拟合,最终的拟合情况如图6-12所示。

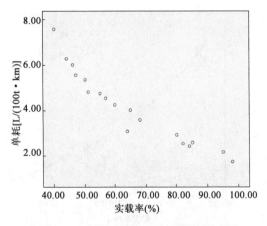

图6-11 重型货车实载率与周转量能耗散点图　　图6-12 重型货车实载率与周转量能耗拟合曲线

由图6-12已经可以看出,倒数关系曲线对数据散点的拟合性最好,也验证了上一节理论分析的正确性。为进一步检验拟合的准确性和合理性,对拟合情况的检验结果进行分析。

该拟合中包含18项数据,均为正值,没有用户缺失值和系统缺失值,样本数据满足曲线回归要求,拟合有效。

中型货车模型拟合情况及参数估计如表6-8所示。

重型客车模型拟合情况及参数估计　　　　　　　　　　表6-8

模 型	模 型 验 证		模 型 参 数	
	可决系数	显著性检验	常数	系数
线性	0.902	146.655	9.539	−0.084
指数	0.963	421.090	16.347	−0.023
倒数	0.973	582.972	−1.806	354.085

由表6-8可见,通过第2列可决系数检验,倒数模型对离散数据点的拟合效果最好。通过第3列的显著性检验,倒数模型的 F 值最大,显著性检验最好。综上,倒数模型的拟合表现最好,证实了理论研究的结果。

由表6-8可见,重型货车实载率与周转量能耗拟合的回归方程见式(6-19)。

$$y = 354.085 \times \frac{1}{x} - 1.806 \tag{6-19}$$

综上,道路运输车辆实载率与车辆周转量能耗关系如表6-9所示。

道路运输车辆实载率与周转量能耗关系表　　　　　　　　表6-9

车　型		对应关系模型	车　型		对应关系模型
载客汽车	中型	$y = 788.531 \times \frac{1}{x} - 1.760 + \Delta\sigma$	载货汽车	轻型	$y = 339.205 \times \frac{1}{x} + 2.415 + \Delta\sigma$
	大型	$y = 543.114 \times \frac{1}{x} + 1.187 + \Delta\sigma$		中型	$y = 425.951 \times \frac{1}{x} + 0.662 + \Delta\sigma$
	特大型	$y = 383.473 \times \frac{1}{x} + 2.351 + \Delta\sigma$		重型	$y = 354.085 \times \frac{1}{x} - 1.806 + \Delta\sigma$

注:表中实载率取值范围为1~100, $\Delta\sigma$ 为模型修正系数。

第四节　营运车辆碳排放量修正系数研究

根据本章对营运车辆运行实际碳排放量影响因素的理论分析,除车辆实际载质量外,由于交通拥堵造成的车辆行驶速度变化、运行环境的温度、道路、海拔均有可能对营运车辆的实际运行碳排放量产生影响。本节依次对相关因素的影响程度进行研究,并计算实际中确实有影响的相关修正系数。

一、交通拥堵修正系数研究

我国汽车保有量已达3.12亿,同时我国汽车出行强度也逐年提高,这导致近年来我国各大中城市车辆拥堵情况严重,尤其是在早晚高峰时段。道路拥堵时车辆处于怠速、低速及反复加减速的运行工况,均属于低运行效率区域,对营运车辆运行燃料消耗量及碳排放量影响较大,为更加准确核算营运车辆在实际运行过程中的碳排放量情况,本节对交通拥堵的修正系数开展研究。

1. 以拥堵系数进行平均车速划分的依据

国家标准《城市交通运行状况评价规范》(GB/T 33171—2016)中依据车辆的运行速度对城市交通拥堵状况进行了划分,共分为畅通、基本畅通、轻度拥堵、中度拥堵、严重拥堵五个区间,确定原则为按照平均行程速度与自由流速度的比值关系来确定,如表6-10所示。

道路交通运行状况等级划分表 表6-10

运行状况等级	畅通	基本畅通	轻度拥堵	中度拥堵	严重拥堵
取值范围	$v > v' \times 70\%$	$v' \times 50\% < v \leq v' \times 70\%$	$v' \times 40\% < v \leq v' \times 50\%$	$v' \times 30\% < v \leq v' \times 40\%$	$v \leq v' \times 30\%$

注:v表示路段平均行程速度,v'表示路段自由流速度。

一般车辆运行中拥堵的发生基本产生在城市道路,根据2019年中国主要城市交通分析报告数据,规模较大的城市高峰平均车速低。超大城市中,上海最低,为24.29km/h,深圳最高,达25.78km/h;特大城市中,沈阳最低,为23.55km/h,天津最高,达29.52km/h。综合来看,全国城市道路内车辆产生拥堵时的路段平均运行速度略高于20km/h。在高速公路路段拥堵发生方面,2019年全国高速整体拥堵里程占比小于1%,且多发生于节假日时段。因此,本书在针对车辆交通拥堵修正系数开展研究时,主要针对城市道路。

本书在针对拥堵平均运行速度的修正区间进行划分时,延续《城市交通运行状况评价规范》(GB/T 33171—2016)的划分依据,以车辆平均运行速度作为拥堵状况的划分指标。我国各城市中封闭快速环路及城市主干道的限速情况一般为60~80km/h,取其中间值,将自由流速度取值为70km/h。按照表6-10,则拥堵系数中最高平均速度的划分取值为70km/h×70% = 49km/h,取整后,按照50km/h。

关于最低平均速度的划分取值:仍按自由流速度70km/h,则拥堵系数中最低平均速度的划分取值70km/h×30% = 21km/h,取整后,按照20km/h。

综合以上,拥堵系数中的平均速度区间按照$v \leq 20$ km/h,20 km/h $< v \leq 30$ km/h,30 km/h $< v \leq 40$ km/h,40 km/h $< v \leq 50$ km/h,$v > 50$ km/h 等5个区间划分。

2. 关于拥堵系数平均车速对应的修正系数值的计算依据

在不同平均速度区间的系数确定上,为保障数据来源的科学性及车辆运营工况的准确性,本书依据目前普遍采用的油耗测试方法NEDC循环中不同工况的平均速度与油耗的关系作为依据进行计算。

NEDC测试工况可分为市区工况和市郊工况两部分。其中市区工况的测试由四个相同的循环单元组成,每个循环单元有效行驶时间195s,共计行驶时间780s,四个循环单元行驶距离共计4.052km可求得市区工况下的平均车速为19km/h,处于小于20km/h区间。市郊工况为一个循环单元,行驶时间为400s,行驶距离共计6.955km,可求得市郊工况下的平均车速为62.6km/h,处于大于50km/h区间。整个NEDC工况的行驶时间为1180s,行驶距离共计11.007km,可求得整个工况下的平均行驶速度为33.6 km/h,处于30km/h $< v \leq$ 40km/h区间,并将此区间作为标准速度,拥堵修正系数取值为1。

为获取同一车型在三种不同工况下的油耗值,进而计算修正系数,本书通过查询"中国汽车能源消耗量查询"系统,获取了约200个车型在三种工况下的油耗值,系统页面如图6-13所示。

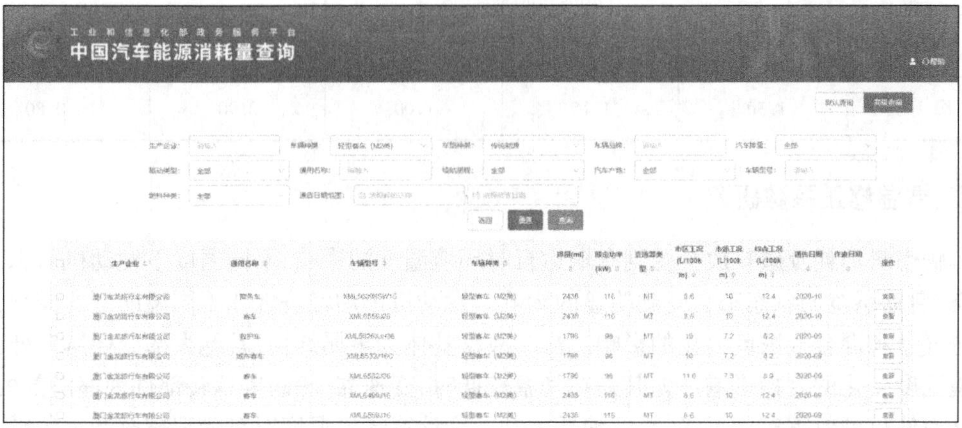

第六章 基于技术层面的车辆碳排放量核算方法

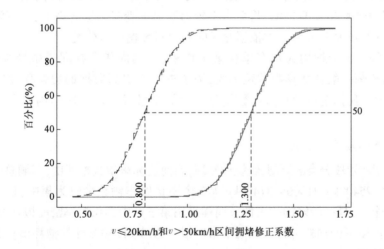

图 6-13 中国汽车能源消耗量查询

通过查询统计所获取车型在三种工况下的油耗值对比情况,利用累计概率密度分步求解,可求得 $v \leqslant 20$km/h 和 $v > 50$km/h 区间的修正系数值,如图 6-14 所示,$v \leqslant 20$km/h 区间处的修正系数值为 1.30,$v > 50$km/h 区间处的修正系数为 0.80。另外两个区间的修正系数通过差值方式进一步确定。

图 6-14 $v \leqslant 20$km/h 和 $v > 50$km/h 区间修正系数求解

综合以上,确定分别以低于 20km/h(含)、20～30km/h(含)、30～40km/h(含)、40～50km/h(含)、高于 50km/h 五个区间划分拥堵区间。同时,借鉴 NEDC 试验循环工况、交通运输行业推荐标准 JT/T 719—2016、JT/T 711—2016 中规定的车辆燃料消耗量测试工况及调研提取的拥堵路段车辆运行典型工况及油耗情况,综合计算得出了不同拥堵情况下车辆燃料消耗量的比值,作为燃料消耗量交通拥堵修正系数,见表 6-11。

81

燃料消耗量交通拥堵修正系数表   表6-11

平均行驶速度 v(km/h)	$v \leq 20$	$20 < v \leq 30$	$30 < v \leq 40$	$40 < v \leq 50$	$v > 50$
K_v	1.30	1.15	1.00	0.90	0.80

二、气温修正系数研究

车辆燃料消耗及碳排放会受到车辆运行时环境温度的影响,不同温度下发动机状态、底盘的状态、启动系统的状态都会受到明显的影响。发动机燃油经济性在不同温度下的变化,主要受到进气量和混合气浓度变化的影响。汽车底盘整体为金属结构,且绝大部分裸露车外,会受到环境温度变化的直接影响。尤其是在气温较低时,变速器、轮毂等运转部件因润滑剂的黏度上升从而使机械效率有所下降,导致油耗上升。为计算环境温度对车辆碳排放产生的影响,本研究根据交通运输部"营运车辆达标车型数据库",提取整理了约2000条营运车辆油耗试验数据。

在按照气温对车辆油耗的影响程度进行修正区间划分时,考虑相比速度对车辆油耗的影响,气温对油耗影响的敏感度较小,为保障实际应用过程中的可操作性和便利性,对气温修正采取划分三个修正区间的方法。

综合所提取的营运车辆油耗试验数据,车辆在气温为5~28℃区间的油耗受温度影响不明显,当气温小于5℃和大于28℃,将会产生较为明显的变化。综合以上,将气温区间划分为小于5℃、5~28℃和大于28℃。并依据此区间划分对数据进行分类。

达标车型的油耗数据均为单车单次采集得来,而国内货车在同一质量段内、客车在同一车长段内的车辆一般性能参数差距不大,为了进一步提高数据的覆盖程度以增强修正系数确定的准确性,我们选取数据库中数据量较大的质量段和车长段车辆作为分析对象进行统计计算。

1. 营运货车温度修正系数

对货车采用质量段分类的原则,经统计梳理,当前达标车型数据库中,车辆总质量在4200~4600kg,25000~25400kg,31000~31400kg等3个质量段车辆数量较为集中,且对各类车型的覆盖性也较为全面,具有较好的代表性。同样采用第三章中累积概率密度拟合的方式,对3个质量段在不同温度下的油耗进行累积概率密度拟合,并选取50%处的油耗值作为该质量段在该温度下的油耗值。

在全国大部分地区,车辆运行气温处于5~28℃的时间最长,为保障后期进行碳排放核算的便利性,将5~28℃温度区间设定为1,进而计算各质量段在不同区间内油耗值的对比情况,并取各质量段对比情况的平均值作为营运货车的温度修正系数。

4200~4600kg质量段内各温度区间油耗统计如图6-15所示。

25000~25400kg质量段内各温度区间油耗统计如图6-16所示。

31000~31400kg质量段内各温度区间油耗统计如图6-17所示。

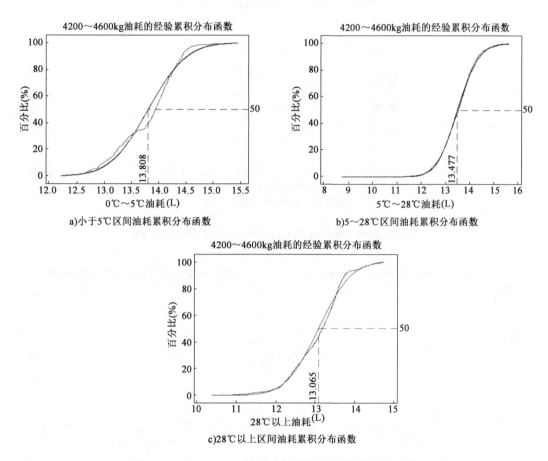

图 6-15　4200~4600kg 质量段内各温度区间油耗累积分布函数

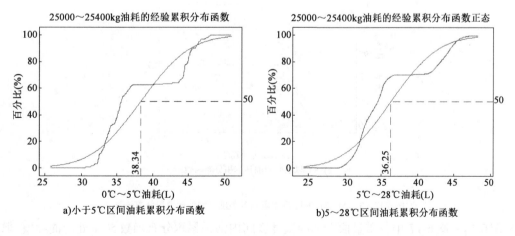

图 6-16

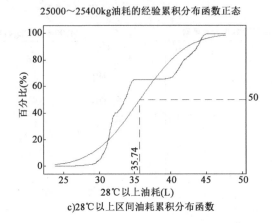

图 6-16　25000～25400kg 质量段内各温度区间油耗累积分布函数

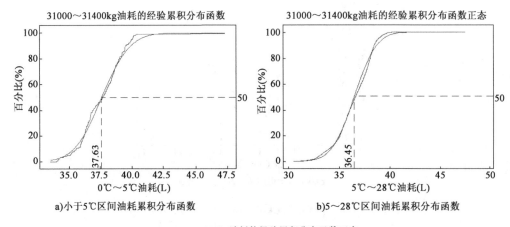

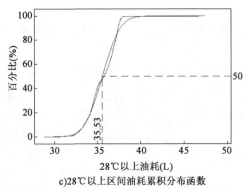

图 6-17　31000～31400kg 质量段内各温度区间油耗累积分布函数

综合图 6-15～图 6-17 中各质量段在不同温度区间内油耗累积分布函数 50% 处的油耗值，取其平均值，计算得出不同温度区间的修正系数，具体如表 6-12 所示。

营运货车温度修正系数统计表 表6-12

温度(℃)	总质量(4.2~4.6t)	比值	总质量(25~25.4t)	比值	总质量(31~31.4t)	比值	平均值
5<t≤28	13.48	1.0244	36.25	1.0273	36.45	1.0324	1.03
0<t≤5	13.81		37.24		37.63		
5<t≤28	13.48	0.9696	36.25	0.9887	36.45	0.9748	0.98
t>28t	13.07		35.84		35.53		

2. 营运客车温度修正系数

对客车采用车长分类的原则,经统计梳理,当前达标车型数据库中,客车车长在8.9~9.1m、10.9~11.1m、11.9~12.1m 等3个车长段的车辆数量较为集中,且对各类车型的覆盖性也较为全面,具有较好的代表性。同样采用第三章中累积概率密度拟合的方式,对3个车长段在不同温度下的油耗进行累积概率密度拟合,并选取50%处的油耗值作为该质量段在该温度下的油耗值。将5~28℃温度区间设定为1,计算各质量段在不同温度区间内油耗值的对比情况,并取各质量段对比情况的平均值作为营运货车的温度修正系数。

8.9~9.1m 质量段内各温度区间油耗统计如图6-18 所示。

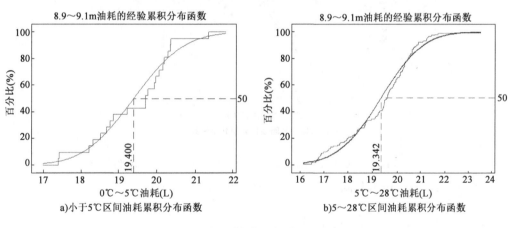

a) 小于5℃区间油耗累积分布函数　　b) 5~28℃区间油耗累积分布函数

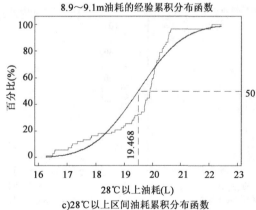

c) 28℃以上区间油耗累积分布函数

图6-18　8.9~9.1m 车长段内各温度区间油耗累积分布函数

10.9~11.1m 车长段内各温度区间油耗统计如图 6-19 所示。

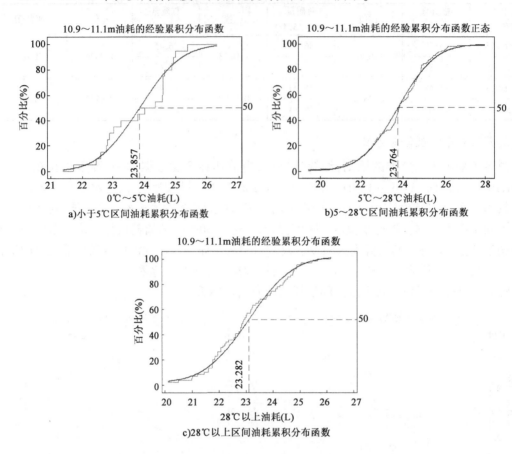

图 6-19　10.9~11.1m 车长段内各温度区间油耗累积分布函数

11.9~12.1m 车长段内各温度区间油耗统计如图 6-20 所示。

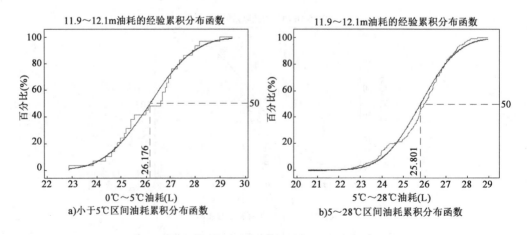

图 6-20

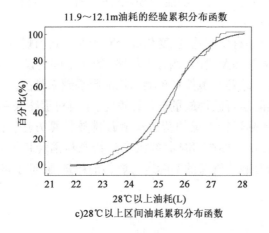

c)28℃以上区间油耗累积分布函数

图6-20 11.9~12.1m车长段内各温度区间油耗累积分布函数

综合图6-18至图6-20中各车长段在不同温度区间内油耗累积分布函数50%处的油耗值,取其平均值,计算得出不同温度区间的修正系数,具体如表6-13所示。

营运客车温度修正系数统计表　　　　　　表6-13

温度(℃)	车长(8.9~9.1m)	比值	车长(10.9~11.1m)	比值	车长(11.9~12.1m)	比值	加权后
5<t≤28	19.34	1.0289	23.76	1.0253	25.80	1.0147	1.02
0<t≤5	19.90		24.36		26.18		
5<t≤28	19.34	0.9912	23.76	0.9798	25.80	0.9810	0.98
t>28	19.17		23.28		25.31		

综合以上,研究计算得出了营运车辆在不同温度区间下的车辆燃料消耗量温度修正系数,具体值见表6-14。

燃料消耗量温度修正系数表　　　　　　表6-14

车辆类型	小于5℃	5~28℃	大于28℃
营运货车	1.03	1	0.98
营运客车	1.02	1	0.98

三、道路修正系数研究

我国公路分为高速及一级、二级、三级和四级共五个等级,统计中将没有划分进入以上五个等级的公路定义为等外公路,因此公路等级共6大分类。由于公路等级水平及路面水平的不断提高,各等级公路占总里程的比率也发生了较大的变化。

交通运输部在《公路工程技术标准》(JTG B01—2014)的修订中指出,交通量是唯一可以量化的公路等级划分依据指标,因此,以交通量指标作为公路等级划分的决定性因素进行考虑,《公路工程技术标准》(JTG B01—2014)在过往标准的基础上明确了公路功能作为确定技术等级和主要技术指标的主要内容,在考虑交通量的同时根据项目的地区特点、交通特性、路网结构、明确功能与类别,然后重点考虑功能、地形条件等因素作为技术选用等级,而后进行设计速度、平纵设计等公路技术条件的设定。

虽然现在公路等级的内涵有所调整,但变化部分对于车辆运行燃料消耗量来说影响较小。且随着道路建设水平的快速提高及我国"四好农村路"的大范围建设,目前我国的各级公路路面条件都达到了好的水平,道路路面条件对车辆油耗的影响越来越少。

综上,在对营运车辆实际运行碳排放量进行计算时,不再对道路条件进行修正系数调整。

本书研究提出的基于实际运行工况的营运车辆碳排放核算方法,在国家标准《载货汽车运行燃料消耗量》(GB/T 4352—2007)和《载客汽车运行燃料消耗量》(GB/T 4353—2007)的修订中被采纳,用于计算载客载货汽车的实际运行燃料消耗量,验证了本研究方法的合理性。

第七章 基于技术层面的节能低碳技术评价及清单建立

在本书第二章对道路运输行业低碳发展特点进行分析时提出:在交通运输行业管理部门组织开展的一系列节能低碳技术专项行动的积极推动下,当前我国道路运输行业的节能低碳技术正处于一个蓬勃发展的时期,涌现出了一大批优秀的不同类型的技术。但同时也出现了一些局限性强、不太适宜在行业进行大规模推广的技术。因此,科学选用适用性强、节能低碳效果显著的技术,对企业的运营和降碳具有至关重要的意义。通过建立一个科学完善的技术评价体系,对节能低碳技术进行筛选甄别,建立适合当前行业发展应用需求的节能低碳技术清单,引导行业的企事业单位科学选用,对行业的绿色低碳发展具有重要的支撑作用。

第一节 节能低碳技术评价方法

要对道路运输行业的节能低碳技术进行有效的评价,必须建立一套科学完善的节能低碳技术评价机制,包括:建立节能低碳技术评价方法及流程、构建节能低碳技术的评价指标体系、计算指标体系中各指标所占的权重、确立基于多目标的综合评价方法等。

一、节能低碳技术评价方法及流程

节能低碳技术评价,是指通过多变量综合评价方法,对道路运输行业降碳技术的优劣程度进行综合、可量化的判断;多变量综合评价方法,是指通过运用多个指标对评价对象进行评价的方法。随着统计分析活动的广泛展开,评价对象的情况将会越来越复杂,简单评价方法的局限性也越来越明显。经常会出现从某些指标看,此对象优于彼对象,从另外某些指标看,彼对象又优于此对象的情况,使分析者难以评价出孰优孰劣。在这种情况下,多变量综合评价方法应运而生。其基本思想是将多个指标转化为一个能够反映综合情况的指标来进行评价。当前道路运输行业的节能低碳技术种类繁多、效果差异性较大,运输企业在选择技术时存在困难。多变量综合评价方法的基本思想就是通过多目标转化,使节能低碳技术的评价得以量化。

多变量综合评价方法的特点表现为:评价过程不是逐个指标顺次完成的,而是通过一些特殊方法将多个指标的评价同时完成。在综合评价过程中,一般要根据指标的重要性进行加权处理,评价结果不再是具有具体含义的统计指标,而是以指数或分值表示参评对象"综合状况"的排序。

一般来说,多变量综合评价方法主要包含如下几个环节:

(1)评价指标体系的确立。评价指标体系是多变量综合评价方法能否科学准确反映技术优劣的前提,其关键在于所选择的评价指标体系能够从多个维度反映技术在实际应用中的效果。

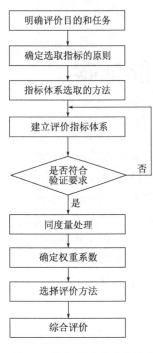

图 7-1 道路运输行业节能低碳技术评价流程图

(2)单位的同度量处理。评价指标体系所包含的评价指标往往不是同一单位的,为能把所有的评价指标放在同一层次进行综合评价,需要进行单位的同度量处理。

(3)指标权重系数确定。评价指标体系中的多个指标对减排技术的影响是有大小之分的,需要采用一定的方法,对不同评价指标的权重进行确定。

(4)综合评价分值确定。在确立评价指标体系和相应权重之后,需要将不同的评价指标利用打分和权重转换为一个确定的评价分值。

(5)评价对象排序。通过评价分值确定,按照分值由高到低对评价对象进行排序,得出评价结论。

道路运输行业节能低碳技术评价流程如图 7-1 所示。

运用节能低碳技术评价体系,对技术进行综合分析、评价,能够为行业主管部门作出管理决策提供依据,同时能够降低企业的经营成本,提高市场竞争力,优化服务与经营模式。通过评价与比较,找出差距和薄弱环节,并分析原因,从而采取对策,贯彻有关政策意图,督促、引导企业完成低碳发展目标。

二、节能低碳技术评价指标体系构建

在进行技术评价时,既要考虑技术对社会的影响,是否可以更好地推动行业绿色发展;另一方面,也要考虑该技术对企业经济效益的影响,是否可以为企业争得更大的利益,从而提高企业进行节能技术推广应用的积极性。在此思想下,本书同样利用第三章所使用的德尔菲法(Delphi)开展专家调查。该评价指标体系包含 3 个一级指标,18 个二级指标,具体如表 7-1 所示。

第一轮专家咨询表指标 表 7-1

一级指标	二级指标	一级指标	二级指标	一级指标	二级指标
示范性指标	先进性	应用性指标	节能潜力	推广性指标	可复制性
	创新性		降碳潜力		推广价值
	典型性		初期投资量		节能量测算科学性
			投资回收期		
			经济效益		
	适用面		技术成熟度		节能量可测量性
			已实施规模		
	实效性		技术生命周期		相关技术完备性

同样选取满分频率、等级和及变异系数作为指标筛选的依据,第一轮专家调查发放问卷 50 份,收回 42 份,回收率 84%,有效率 100%。第二轮专家调查发放问卷 50 份,收回 40 份,回收率 80%,有效率 100%。两轮调查的情况如表 7-2 所示。

各指标调查情况 表7-2

指标	第一轮调查		第二轮调查		
	满分频率	等级和	满分频率	等级和	变异系数
先进性	82%	54	79%	115	0.11
创新性	75%	60	81%	120	0.14
典型性	72%	55	82%	99	0.15
适用面	60%(删除)	35(删除)	—	—	—
实效性	85%	51	79%	90	0.08
节能潜力	92%	71	98%	125	0.04
降碳潜力	90%	68	95%	118	0.19
初期投资量	39%(删除)	20(删除)	—	—	—
投资回收期	41%(删除)	31(删除)	—	—	—
经济效益	96%	61	80%	128	0.11
技术成熟度	86%	68	90%	124	0.19
已实施规模	75%	65	88%	100	0.15
技术生命周期	69%(删除)	31(删除)	—	—	—
可复制性	67%	58	85%	107	0.12
推广价值	97%	72	91%	115	0.11
节能量测算科学性	95%	55	78%	104	0.15
节能量可测量性	49%(删除)	33(删除)	—	—	—
相关技术完备性	60%(删除)	29(删除)	—	—	—

由表7-2可知,第一轮调查后,6个指标被删除;第二轮调查后,各项指标的满分频率均大于50%,等级和均大于80且变异系数均小于0.2,可认为此轮调查后专家意见已趋于统一,可以确定指标体系。

三、评价指标体系权重系数研究

1. 评价指标层次结构及说明

为确定评价指标体系中各指标所占的权重,本书在德尔菲(Delphi)法确定指标体系的基础上,利用层次分析法进行指标体系权重系数的确定。节能低碳技术评价指标体系共包括三层,分别是目标层、准则层和因素层。其中准则层包含3项指标,因素层包含12项指标,具体如图7-2所示。

对节能低碳技术评价指标体系准则层的指标说明,如表7-3所示。

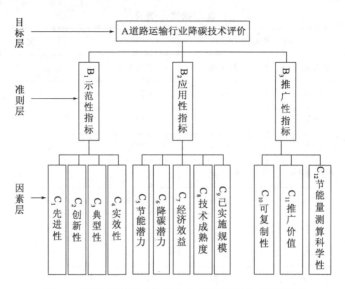

图 7-2 道路运输行业节能低碳技术评价指标体系层次结构

准则层指标说明 表 7-3

指标	说明
B_1 示范性指标	技术是否具有作为示范项目进行推广的特点,项目本身是否先进,是否在已有技术手段外有所突破,是否可以代表一部分节能技术,是否有使用价值
B_2 应用性指标	技术在应用中的情况,是否有足够的发展潜力,技术是否成熟,是否已经开始大规模应用
B_3 推广性指标	技术是否易于推广,适用范围是否广泛,推广价值如何等。

对节能低碳技术评价指标体系因素层的指标说明,如表 7-4 所示。

因素层指标说明 表 7-4

指标	说明
C_1 先进性	技术是否超前于目前现有的大部分节能技术
C_2 创新性	技术是否在现有技术的基础上提出新的方法或新的思路
C_3 典型性	技术是否具有代表性,拥有当前同类节能技术的共性
C_4 实效性	技术是否具有实用价值,可以规模化应用
C_5 节能潜力	技术单位替代量、单位节能量等是否可以随着生产条件的进步获得较大的提高
C_6 降碳潜力	技术单位降碳量是否可随生产条件的进步获得较大的提高
C_7 经济效益	综合考虑节技术项目投资额、投资回收期后,使用技术取得的单位经济效益
C_8 技术成熟度	技术在实际应用中出现的问题及节能问题的难易程度
C_9 已实施规模	技术目前在行业中的应用情况
C_{10} 可复制性	技术在资金、设备、基础设施建设、人员投入等方面的要求,是否易于其他企业学习
C_{11} 推广价值	技术是否有大规模推广应用的价值
C_{12} 节能量测算科学性	技术的节能量是否易于测算,测算方法是否科学

2. 同度量处理

评价指标根据其性质可分为两类：一类是定量指标，可根据基础统计资料查出或计算出指标值；另一类是定性指标，这类指标较难量化，在评价中是一大难题。而交通运输节能技术因为其本身的特殊性，其评价指标基本都为定性的指标，为解决这一问题，实现定性指标定量化，本书对评价指标进行了同度量处理。

所谓同度量处理，是指通过对定性指标的分析，根据指标定义和实际情况给指标评分，结合具体情况，人为进行定量化。定量化的标准使各个评价指标之间具有可比性。

对某些不能明确可测，只能进行定性评价的指标，如何进行定量化操作，国内外对其进行了大量的研究。定性指标定量化的方法很多，如 Delphi 法、模糊信息优化技术、灰色信息及处理方法、AHP 法等，但由于问题的复杂性，至今仍没有一个完善地使定性指标定量化的方法，也没有一个公认的量化模式。结合交通运输节能技术的基本情况，本书综合使用多种方法，从实用的角度出发，采用评价等级隶属度的方法来确定。其方法为：设 u_i 为评价指标，u_i 相对于评价指标集 A 的隶属度向量 $r_i = (r_{i1}, r_{i2}, r_{i3}, r_{i4}, r_{i5}, r_{i6}, r_{i7}, r_{i8}, r_{i9}, r_{i10})$，即对评价指标 u_i 的评价等级为 10 级，设 $\lambda = (\lambda_1, \lambda_2, \lambda_3, \lambda_4, \lambda_5, \lambda_6, \lambda_7, \lambda_8, \lambda_9, \lambda_{10})^T$，$\lambda_j$ 表示第 j 级评价相对应的尺度，通过尺度集可将隶属度向量综合为一个标量 $V = r_i \cdot \lambda$。

即为定性评价指标在给定尺度 λ 下的量化值，本书中采用的尺度为：

$$\lambda = (1,2,3,4,5,6,7,8,9,10)^T$$

3. 评价指标权重系数确定

对于评价指标权重系数确定的问题，国内外的专家学者已经展开了大量的研究，并形成了各种不同的赋权方法。每种赋权方法都有不同的特点和适用范围。一般来说，可以将赋权方法分为客观赋权法和主观赋权法两种。

客观赋权法主要依赖于客观的数据分析，权重多属于信息量权重，没有充分考虑指标本身的相对重要程度，更容易忽视评价者的主观信息。主观赋权法基于评价者的主观偏好信息，可以反映评价者的经验和直觉。考虑交通运输节能技术的特殊性，很多指标都难以量化，用客观赋权法进行权重系数的确定存在一定的困难，因此，本书采取主观赋权法确定权重系数，同时，为了避免主观赋权法受人为主观因素影响严重，容易夸大或降低某些指标的作用，使评价结果产生较大偏差的问题，本书建立了交通运输行业节能减排专家库，通过在专家库中抽取多名专家，综合各个专家意见后确定最终各个评价指标的权重系数。

本书利用层次分析法对节能低碳技术评价指标体系各层中的指标进行权重系数标定，建立层次分析模型，在各层元素中进行两两比较，构建比较判断矩阵。为了使决策判断定量化，使用 1-9 标度方法(层次分析法中，判断矩阵计算指标的标准，其中 1 表示两个因素相比，具有相同重要性，3 表示两个因素相比，前者比后者稍重要，5 表示两个因素相比，前者比后者明显重要，7 表示两个因素相比，前者比后者强烈重要，9 表示两个因素相比，前者比后者极端重要，2,4,6,8 表示上述相邻判断的中间值)。通过求解判断矩阵，可得某层次相对于上层次的独立权重系数，依此沿递接层次结构由上而下逐层计算，即可得出因素层相对于目标层的最终权重系数。

准则层对于目标层的判断矩阵 **A-B** 为：

$$A = \begin{bmatrix} 1 & \frac{1}{5} & \frac{1}{3} \\ 5 & 1 & 3 \\ 3 & \frac{1}{3} & 1 \end{bmatrix} \quad (7\text{-}1)$$

我们可以通过求解判断矩阵最大特征的方法,计算权重系数。

(1) 判断矩阵行元素乘积 M_i。

$$M_i = \prod_{j=1}^{n} a_{ij} \quad i = 1,2,\cdots,n \quad (7\text{-}2)$$

(2) 求解 M_i 的 n 次方根 $\overline{W_i}$。

$$\overline{W_i} = \sqrt[n]{M_i} \quad (7\text{-}3)$$

(3) 向量 $\overline{W_i} = [\overline{W_1}, \overline{W_2}, \cdots, \overline{W_n}]^T$ 正规化。

$$W_i = \frac{\overline{W_i}}{\sum_{j=1}^{n} \overline{W_j}} \quad (7\text{-}4)$$

(4) 计算最大特征根 λ_{max}。

$$\lambda_{max} = \sum_{i=1}^{n} \frac{(AW)_i}{nW_i} \quad (7\text{-}5)$$

式中:$(AW)_i$——向量 AW 的第 i 个元素。

根据上述方法求解可得:

$$W = \begin{bmatrix} 0.105 \\ 0.637 \\ 0.258 \end{bmatrix} \quad (7\text{-}6)$$

对矩阵进行一致性检验,设 λ 为矩阵特征根,且对于所有的 $a_{ij} = 1$,有:

$$\sum_{i=1}^{n} \lambda_i = n \quad (7\text{-}7)$$

矩阵有完全一致性时,$\lambda_1 = \lambda_{max} = n$,其他为 0;矩阵无完全一致性时,$\lambda_1 = \lambda_{max} > n$,其余特征根关系如下:

$$\sum_{i=2}^{n} \lambda_i = n - \lambda_{max} \quad (7\text{-}8)$$

因此,采用最大特征根外其余特征根的负平均值,作为一致性度量指标,即:

$$CI = \frac{\lambda_{max} - n}{n - 1} \quad (7\text{-}9)$$

此外,考虑需要量化不同阶判断矩阵是否具有满意一致性,引入判断矩阵的随机一致性指标 RI 值,如表 7-5 所示。

判断矩阵平均一致性指标 RI 值   表 7-5

标度	1	2	3	4	5	6	7	8	9
RI	0.00	0.00	0.58	0.90	1.12	1.24	1.32	1.41	1.45

CI 与 RI 之比称为随机一致性比率,记为 CR,当 $CR < 0.10$ 时,可认为判断矩阵具有满意

的一致性,否则需调整。

求解可得:
$$\lambda_{max} = 3.038, CI = 0.0193, RI = 0.58, CR = 0.032 < 0.10$$

因此,判断矩阵 A 具有满意的一致性。

同理可求得相对于判断矩阵 B_1、B_2、B_3,各指标的独立权重及矩阵一致性检验情况。

$$B_1 = \begin{bmatrix} 1 & 2 & 2 & 3 \\ \frac{1}{2} & 1 & 1 & 2 \\ \frac{1}{2} & 1 & 1 & 2 \\ \frac{1}{3} & \frac{1}{2} & \frac{1}{2} & 1 \end{bmatrix} \quad B_1 = \begin{bmatrix} 1 & 2 & \frac{1}{5} & \frac{1}{3} & 3 \\ \frac{1}{2} & 1 & \frac{1}{7} & \frac{1}{5} & 2 \\ 5 & 7 & 1 & 3 & 4 \\ 3 & 5 & \frac{1}{3} & 1 & 6 \\ \frac{1}{3} & \frac{1}{2} & \frac{1}{4} & \frac{1}{6} & 1 \end{bmatrix} \quad B_3 = \begin{bmatrix} 1 & 1/4 & 1/3 \\ 4 & 1 & 2 \\ 3 & \frac{1}{2} & 1 \end{bmatrix}$$

对于判断矩阵 B_1,其计算情况如下:

$$W_1 = \begin{bmatrix} 0.423 \\ 0.227 \\ 0.227 \\ 0.122 \end{bmatrix} \quad \lambda_{max} = 4.010, CI = 0.004, RI = 0.9, CR = 0.004 < 0.1$$

对于判断矩阵 B_2,其计算情况如下:

$$W_2 = \begin{bmatrix} 0.119 \\ 0.070 \\ 0.477 \\ 0.281 \\ 0.053 \end{bmatrix} \quad \lambda_{max} = 5.297, CI = 0.074, RI = 1.12, CR = 0.066 < 0.1$$

对于判断矩阵 B_3,其计算情况如下:

$$W_3 = \begin{bmatrix} 0.122 \\ 0.558 \\ 0.320 \end{bmatrix} \quad \lambda_{max} = 3.018, CI = 0.009, RI = 0.58, CR = 0.016 < 0.1$$

节能低碳技术评价体系的准则层与因素层的乘积,可作为整个评价指标体系的最终权重系数,具体如表 7-6 所示。

节能低碳技术评价指标体系赋权情况 表 7-6

指标	权重系数	指标	权重系数
C_1 先进性	0.044	C_7 经济效益	0.304
C_2 创新性	0.024	C_8 技术成熟度	0.179
C_3 典型性	0.024	C_9 已实施规模	0.034
C_4 实效性	0.013	C_{10} 可复制性	0.031
C_5 节能潜力	0.076	C_{11} 推广价值	0.144
C_6 降碳潜力	0.044	C_{12} 节能量测算科学性	0.083

四、道路运输行业节能低碳技术评价方法选择

确定节能低碳技术评价指标体系和各指标权重后,可利用模糊综合评价法,选取相关专家对节能低碳技术各个指标进行打分,根据所确定的各指标权重系数进行加权平均求和,得出对该节能低碳技术的综合评价。

评价方法的步骤为:

(1)确立评价指标集 $U = \{u_1, u_2, \cdots, u_n\}$($n$ 为评价指标数量)。

(2)在评价指标集基础上,建立评价等级集 $V = \{v_1, v_2, \cdots, v_m\}$($m$ 为评价等级数量)。

(3)对评价指标集中的单个因素进行单因素评判,确定该评价因素相对评价等级集的隶属度 $r_i = (r_{i1}, r_{i2}, \cdots, r_{i2})$。

(4)由以上可构造出一个总的评价矩阵,即每一个被评价对象确定从 U 到 V 的模糊关系:

$$R = (r_{ij})_{m \times n} = \begin{bmatrix} r_{11} & r_{12} & \cdots & r_{1m} \\ r_{21} & r_{22} & \cdots & r_{2m} \\ & & \vdots & \\ r_{n1} & r_{n2} & \cdots & r_{nm} \end{bmatrix}$$

(5)引入 V 上的一个模糊子集 B,称为决策集,$B = (b_1, b_2, \cdots, b_n)$,利用 $B = A * R$ 计算(A 为权重向量,$*$ 为合成算子),得出加权平均得分。

(6)综合各专家意见,得出节能低碳技术的最终评价。

$$P = \frac{\sum_{i=1}^{m} b_i r_i}{\sum_{i=1}^{m} b_i} \tag{7-10}$$

第二节 节能低碳技术评价程序

为了更好地推动道路运输节能低碳技术的评价与推广应用工作,在评价指标体系建立完成之后,本书列出了进行道路运输节能低碳技术评价的基本程序。

参与评价的道路运输节能低碳技术,主要指不涉及知识产权,目前已经稳定应用取得较好效果且易于在行业内推广的技术。主要包括道路运输行业内新型车辆装备应用、企业运营管理、运输结构优化、节能产品应用、新能源替代,节能操作等多种类型的节能技术。

交通运输行业主管部门负责组织开展节能低碳节能技术评价的具体工作,如组织对相关技术申报单位申请材料的汇总、技术的实地核查及评价工作等。

道路运输节能低碳技术的评价程序主要为申请程序、评价程序及审定公布三个部分,其具体流程图如图7-3所示。

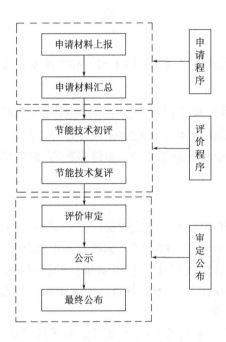

图 7-3 道路运输节能低碳技术评价程序流程图

一、申请程序

道路运输节能低碳技术的申报主要由技术拥有企业(单位)自愿申报,交通运输主管部门根据行业节能低碳工作实际,结合技术发展及评价标准的制修订情况,定期印发节能低碳技术推广目录征集指南,明确申报范围、申报要求、申报程序、时限要求等。

申报单位应向其所在地方省级交通运输主管部门提交《道路运输节能低碳技术申报书》(见附录的"一、")。省级交通运输主管部门收到申请单位的申请材料后,对申请材料进行汇总,整理,确认无误后报送交通运输行业主管部门。

节能低碳技术的申报单位需符合以下条件:

(1)具有独立法人资格。

(2)具有健全并有效运行的能耗统计体系,可有效统计节能量相关指标及能源消耗情况。

(3)符合各年度指南中提出的其他条件。

申报的节能低碳技术需符合以下条件:

(1)所申报的节能低碳技术符合国家的相关法律法规,达到国家相关标准的要求。

(2)节能低碳效果显著或对节能低碳有明显的促进作用。

(3)节能低碳效果可对比、可量化,基础数据统计全面准确。

(4)不侵犯第三方的任何著作权、商标权、专有权或其他权利,如发生任何侵权纠纷,申报单位需承担相应法律责任。

(5)节能技术的适用范围较广,易于在同行业中进行推广应用。

(6)符合各年度指南中提出的其他条件。

二、评价程序

道路运输行业节能低碳技术评价采取网上初评和专家复评相结合的方式。

1. 网上初评

网上初评采取电子邮件方式进行。由交通运输主管部门组织专家,根据《道路运输节能低碳技术申报书》,对节能低碳技术评价的指标进行打分。综合专家对各个指标的打分情况及指标的权重系数,得出该项目的最终得分。最终根据需要按项目得分由高到低选出初评入选项目。

2. 专家复评

在进行节能技术复评前,由交通运输主管部门在专家库中随机抽选该专业领域内相关专家组成专家组,专家组成员5~6人,对初评入选项目的申报单位进行实地核查,重点对照《道路运输节能低碳技术申报书》核查其真实性,并对项目的各项指标进行打分评价;提出项目在技术层面和操作层面存在的问题。专家组核查后应向组织单位提交《××××节能低碳技术实地核查报告》(见附录的"二、")。

被核查单位应尽快按照专家组的意见对《道路运输节能低碳技术申报书》进行修改完善,并提交组织单位。组织单位对各专家组提交的《××××节能技术实地核查报告》进行汇总,将汇总结果及初步意见上报行业管理部门。

由行业管理部门组织召开交通运输节能技术专家评审会,综合网上初评及专家复评结果,推选出入选的道路运输节能低碳技术名单。

三、审定公布

交通运输行业主管部门根据推选结果,确定拟入选技术,并向有关部门、行业协会等征求意见。根据意见修改完善后,形成公示稿,公示5个工作日;公示期满无异议的,向行业正式发布,供道路运输企事业单位查询使用。

第三节 专家库管理

鉴于本书中所提出的如节能低碳技术的评价指标体系建立和模糊综合评价等工作多是采用基于专家咨询的方法,且为进一步完善交通运输行业节能低碳工作的工作机制,推动行业绿色低碳的深入开展,加强各级交通运输主管部门及交通运输企业间的沟通与联系,有必要建立交通运输行业节能低碳技术专家库,以适应和满足交通运输行业节能低碳工作的需要。

为保障交通运输节能低碳技术专家库建立工作的顺利进行,同时保证相关研究成果的正确性、合理性,本书对专家库管理方面的相关工作进行了研究和探索,以期作为行业主管部门建立专家库时的建议和参考。

专家库作为开展交通运输节能低碳工作的智库支撑,交通运输节能低碳主管部门及其委托的相关机构开展节能政策咨询、节能低碳技术推选、现场考察、交流及推广应用等相关工作所需评审(咨询)专家,需从专家库抽(选)取。

专家库管理的主要内容主要包括入选专家条件、专家遴选程序、专家库成员管理及信息反馈机制四个方面。

一、入选专家条件

入库专家按照道路运输、公路、船舶运输、航道和港口五个领域进行分类管理。申报入选交通运输节能低碳专家库的专家须符合以下基本条件:

(1)具有良好的职业道德,坚持原则,态度认真,在评审或咨询活动中能够做到客观公正、廉洁自律、遵纪守法。

(2)熟悉交通运输行业节能减排方面的相关技术发展情况,推广应用情况,精通专业知识。

(3)熟悉交通运输行业有关法律、法规、政策和技术规范,了解交通运输领域国内外情况和前沿动态。

(4)身体健康,能承担相关工作,按时参加由交通运输部节能减排与应对气候变化工作办公室、中国节能协会交通运输节能专业委员会组织的相关活动。

(5)年龄不超过62岁,但享受国务院或省政府特殊津贴的专家或博士生导师可放宽至65岁,院士年龄不限。

交通运输行业节能低碳专家库入选专家按来源可以划分为以下四类:

(1)高校和科研院所。

(2)交通运输企业。

(3)政府职能部门和交通运输行业管理部门。

(4)交通运输相关协会及中介机构。

各类专家除需满足以上基本条件外,还应符合以下各类别的相应具体要求:

1. 高校和科研院所

(1)对本专业技术领域有深入研究,近三年作为主要研究人员(排名前3位)承担过市级以上科研项目并取得研究成果、撰写论著、在国家核心期刊上发表论文。

(2)具有相关专业高级以上专业技术职称,取得相关专业博士学位3年,硕士学位5年以上者视同。

2. 交通运输企业

(1)具备扎实的理论基础,在专业技术领域或管理岗位具有丰富的实践经验或精湛的专业技能,在解决交通运输行业生产或科研难题方面取得公认的成绩。

(2)从事专业技术工作8年以上或从事相关管理工作5年以上且担任企业中层以上职务;或取得硕士学位,从事专业技术工作5年以上;或取得博士学位,从事专业技术工作3年以上。

(3)大学本科以上学历,具有中级以上专业技术职称。

3.政府职能部门和交通运输行业管理部门

(1)熟悉行政管理理论知识,熟悉并掌握交通运输行业的政策、法规和国内外发展动态。

(2)担任部门负责人(县处级以上)职务。

(3)大学本科以上学历。

4.交通运输相关协会及中介机构

(1)交通运输行业的专业技术带头人或知识面广、实际经验丰富,对交通运输领域有较深入研究并在近三年取得成果。

(2)具有副高以上专业技术职称;从事交通运输领域工作累计满5年。

二、专家遴选程序

交通运输节能低碳专家库采用单位推荐的方式报送入库专家,每个单位可推荐1~2名道路运输、公路、船舶运输、航道和港口等专业领域的技术专家,其具体遴选程序如下:

(1)各交通运输相关单位填写《交通运输节能低碳工作专家库专家推荐表》(附录的"三、"),签章后附相关证明材料,报送交通运输行业主管部门。

(2)交通运输行业主管们根据专家库成员构成及成员条件要求,负责对推荐专家进行遴选。

(3)将遴选通过的专家信息汇总,由交通运输行业主管部门制定交通运输行业节能低碳专家库入库专家名单,并以纸质文件的形式将入库专家名单寄送各位专家。

(4)对于入库专家,由交通运输行业主管部门颁发聘书。

三、专家库专家权利和义务

入选专家库成员主要围绕交通运输行业节能低碳技术推选、评价及宣传推广开展工作,具体包括节能低碳相关政策咨询、技术推荐、专家论证、现场考察和交流推广。

入库专家主要权利包括:

(1)在开展工作过程中客观公正发表专业意见。

(2)依法获取专家咨询费用。

(3)自愿申请退出专家库。

入库专家主要义务包括:

(1)接受交通运输部节能低碳主管部门委托开展节能低碳技术推选、现场勘查等服务。

(2)遵守职业道德,客观、公正、实事求是地提出评审意见并遵守有关保密规定。

(3)项目评审和现场勘查过程中遵循回避制度。

(4)工作单位、联系电话等主要个人信息发生变更时,应在一个月内报交通运输行业节能低碳主管部门。

四、专家评审机制

根据项目性质、内容、技术领域、专家构成、回避原则等,在专家库中抽(选)取专家。充分考虑专家年龄、专业水平、知识结构、工作单位、特长等事项,原则上应主要选取活跃在科研一线的专家参与工作。

专家库专家参与日常评审工作时,需遵循以下评审机制:

(1)进行节能低碳技术网上初评时,专家库专家全体参加。

(2)在进行节能低碳技术实地考察和评价时,由交通运输节能低碳主管部门在专家库中随机抽取专家。

(3)在进行节能低碳技术推选或评价结果前的最终评审时,由交通运输行业节能低碳主管部门根据节能低碳技术内容挑选该领域内经验丰富、专业知识优秀的资深专家进行评审。

(4)抽取评审专家应实行回避制度。专家到位后,应主动提出是否与被评审对象有利害关系,凡有利害关系可能影响到公证评审的,不得担任该次节能技术评审的评审专家。

(5)评审专家名单在评审会召开前应保密。

专家库实行动态管理,凡存在下列情况之一的专家,将由交通运输行业节能低碳主管部门取消其专家资格:

(1)未经主管部门批准,一年之内两次被邀请但均拒绝参加评审活动的。

(2)无正当理由承诺参加但没有参加评审活动或中途退出的。

(3)评审期间私下接触被评审单位主要负责人及相关工作人员。

(4)收受评审单位的财物或其他好处。

(5)违反保密规定,泄露评审情况。

(6)在评审活动中存在作弊行为,损害被评审单位利益的。

(7)未按要求提交评价报告。

专家库建立信息反馈机制,专家库专家可以电子邮件或书面形式将最新的交通运输行业相关节能技术、信息等反馈给交通运输行业节能低碳主管部门。对于信息反馈质量较高的专家应在每年年底给予一定奖励。

第四节 现有节能低碳技术评价

为全面深入梳理当前道路运输行业节能低碳技术发展现状,本书利用第七章第一节提出的节能低碳技术评价方法,对交通运输部组织的节能低碳技术系列专项活动开展评估,调查共分为两轮,以线上专家调查为主,在统计分析第一轮调查结果的基础上,对意见分歧较大的项目进行第二轮专家调查。

在对节能低碳技术进行效果评估时,按照评价指标要求,选取先进性、创新性、典型性、实效性、节能潜力、降碳潜力、经济效益、技术成熟度、已实施规模、可复制性、推广价值、节能量测算科学性等12个评价指标,共发放调查表100份,回收95份,有效95份,回收率95%,有效率100%。通过两轮调查,汇总专家对节能技术各个指标的打分情况,得出专家对每项节能低碳技术的评价。具体分别如图7-4~图7-15所示。

由图7-4可知,在节能低碳技术先进性评价中,技术总体的先进程度较高,有31%的技术专家认为技术先进性高,37%的技术专家认为先进性一般,先进性程度低及不清楚的节能低碳技术分别占20%及12%,这一方面表明交通运输行业节能低碳技术的研发是比较超前的,大部分专家对技术的先进性较为满意。

由图 7-5 可知,在节能低碳技术创新性评价中,专家给予了相对较高的评价,专家认为有 22% 的产品创新性很高,52% 的产品创新性一般,创新性较差及不清楚的产品较少,分别只占了 16% 和 10%。

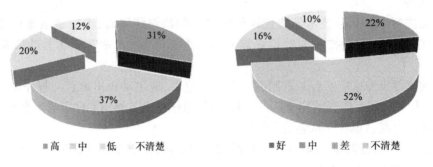

图 7-4 节能低碳技术先进性评价情况　　图 7-5 节能低碳技术创新性评价情况

由图 7-6 可知,在节能低碳技术典型性评价中,专家的评价相对较低,仅有 9% 的技术被专家认为典型性显著,43% 的技术被专家认为典型性一般,认为典型性无或不清楚的产品分别占了 36% 和 12%。通过分析,出现这种情况的主要原因是在专项行动开始之初,大量节能低碳技术涌现,涉及范围广、技术种类多,行业内尚未形成完善的节能低碳技术发展路径和应用机制。

由图 7-7 可知,在节能低碳技术实效性评价中,有 25% 的节能低碳技术能够在应用中取得显著实效,有 37% 的节能低碳技术可以取得符合预期的效果,仅有 22% 的产品没有取得预期效果,这说明交通运输行业节能低碳专项行动推出的节能低碳技术,在交通运输行业内得到了较为广泛的应用,并发挥了重要作用。

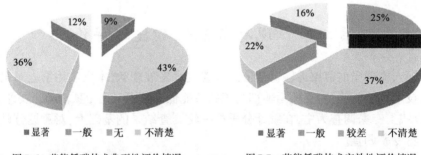

图 7-6 节能低碳技术典型性评价情况　　图 7-7 节能低碳技术实效性评价情况

由图 7-8 可知,在节能低碳技术节能潜力评价中,有 44% 的节能低碳技术具有显著的节能潜力,有 37% 的节能低碳技术具有一定的节能潜力,节能潜力较差或不清楚的比例仅分别占 12% 和 7%,这说明当前道路运输行业的节能低碳正处于起步且蓬勃发展的事情,大量的节能低碳技术都表现出了较为明显的节能潜力。

由图 7-9 可知,在节能低碳技术降碳潜力评价中,有 47% 的节能低碳技术具有显著的降碳潜力,有 37% 的节能低碳技术具有一定的降碳潜力,节能潜力较差或不清楚的比例仅分别占 9% 和 7%,这一比例与节能潜力的评价情况基本一致,说明大部分的节能低碳技术在取得节能效果的同时,也会取得相应的降碳效果。

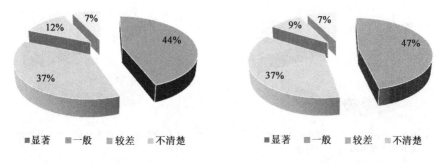

图 7-8　节能低碳技术节能潜力评价情况　　图 7-9　节能低碳技术节能潜力评价情况

由图 7-10 可知,在节能低碳技术经济效益评价中,有 54% 的节能低碳技术能够取得较为显著的经济效益,21% 的节能低碳技术能够取得符合预期的经济效益,经济效益较小或不清楚的分别只占 15% 和 10%。经济效益较大的技术占据了一半以上,一方面说明当前行业内应用的节能低碳技术能带来较为良好的经济效益,另一方面也从侧面证明,部分节能低碳技术的研发,是因经济效益引导产生的。

由图 7-11 可知,在节能低碳技术成熟度评估中,47% 的节能低碳技术被专家认为技术成熟,32% 的节能低碳技术被专家认为技术成熟度一般,仅有 14% 的技术专家认为技术不够成熟。这说明在当前节能低碳技术的应用中,各企业所研发应用的节能低碳技术相对成熟,已经在交通运输行业内发挥了自己应有的作用。

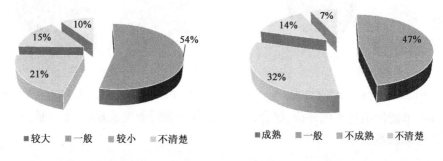

图 7-10　节能低碳技术经济效益评价情况　　图 7-11　节能低碳技术成熟度评价情况

由图 7-12 可知,在节能低碳技术推广应用现状调查中,有 33% 的节能低碳技术已经在很多企业中应用,50% 的技术在少数企业中应用,13% 的技术目前无其他企业应用。根据调查统计,超过一半的节能低碳技术目前已经在企业中应用,说明交通运输行业当前节能低碳技术的应用已初具成效,但由于目前我国交通行业节能技术推广体系的不完善,仅有 33% 的节能技术在很多企业中应用。我国交通运输主管部门应发挥主导作用,完善交通运输节能技术推广体系,以使优秀的节能技术在更多的企业中得到应用,充分发挥其作用。

由图 7-13 可知,在节能低碳技术可复制性评价中,需要资金条件的节能项目占 34%,需设备条件的节能项目占 24%,需人员条件的节能项目占 29%,需其他条件的节能项目占 13%。比例基本持平,说明节能技术应用所需条件存在多样性的特征。我国交通主管部门在进行节能技术推广应用时,应具体情况具体分析,根据节能技术本身的特征选择其推广对象。

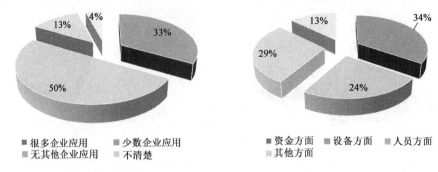

图7-12 节能低碳技术已实施规模评价情况　　图7-13 节能低碳技术可复制性评价情况

由图7-14可知,在节能低碳技术推广价值评价方面,推广价值大的节能技术占到了46%,推广价值中的节能项目占到了32%,推广价值小及无推广价值的节能项目分别只占17%及5%。

由图7-15可知,在节能低碳技术节能量测算科学性调查中,52%的节能低碳技术具有较为科学的节能量测算方法,34%的节能技术能够计算其节能量计算方法,仅有14%的技术基本无法测算节能量。这说明节能低碳技术的节能量测算目前已经形成了较为科学和完善的测算方法,节能技术的节能效果能够被较为科学地计算和呈现。

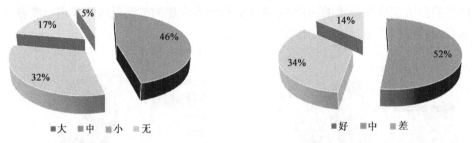

图7-14 节能低碳技术推广价值评价情况　　图7-15 节能低碳技术节能量测算科学性评价情况

基于现有节能低碳技术的评价、综合评价结果及当前行业发展现状,本书提出了道路运输行业的节能低碳技术清单。

第五节　道路运输行业降碳技术清单

一、降碳技术清单的含义

道路运输行业的降碳技术清单是指道路运输行业要达到节能低碳的目的可采取的某些特定的方法或措施的集合,整个清单由一系列节能低碳效果良好的先进技术构成。这些先进技术能够有效地节约能源,减少碳排放。即在保障行业正常生产运营不变的情况下,通过提高能源的使用效率,减少对能源的绝对使用量。

由《中华人民共和国节约能源法》对节能的定义分析可知,经济上合理及环境和社会可承受是节能减碳技术发展的前提条件,只有通过实施一定的节能低碳技术,提高能源利用效率,减少能源浪费,才能做到在不改变现有行业服务质量的情况下节约能源的消耗量。

以目前我国的行业现状来说,交通运输业是能耗量较大的行业之一,同时,也是降碳潜力最大的行业之一。与其他行业相比,交通运输尤其是道路运输的行业特点明显。道路运输行业在近年来发展迅猛,且与人们的日常生活息息相关。道路运输行业的降碳不仅单纯关系技术和管理方面的问题,更关系道路运输行业为社会提供服务的质量。随着营运车保有量的逐年增加,由于汽车对能源的消耗导致的碳排放量在全国碳排放总量中所占的比例越来越大,道路运输行业节能低碳途径的分析及应用在整个国家降碳工作中的地位也越来越重。

二、推广降碳技术清单的意义

降碳技术从研发到规模化应用的过程,即降碳技术清单的推广应用。一项新的减排技术从研发到被人们接受是一个长期的过程,而降碳技术清单的推广就是希望通过人为努力缩短这一过程,从而更早,更好地将先进的降碳技术应用于生活,发挥它应有的作用,提高终端能源使用效率。因此,推广应用降碳技术清单中的先进技术有着极为重大的意义,主要包括以下几方面。

1. 有利于提高用能终端的能源利用效率

对道路运输行业来说,相同类型营运车辆的单位周转量碳排放强度也存在较大差距。先进的节能低碳技术推广应用后,将有效提高我国用能终端的能源利用效率。

2. 有利于形成推广先进减排技术的长效机制

一般来说,先进节能低碳技术的推广应用均存在产品初期投资成本高、市场不规范、社会认知度低等推广障碍。因此,为加快先进节能低碳技术的应用,应通过建立技术清单等措施对技术加以筛选,再结合当前交通运输行业重点节能电技术推广目录的编制和推广,引导道路运输行业结合自身实际选用科学的节能降碳技术,以便形成一套长效的推广机制,从而为后续的先进技术推广打下基础。

3. 有利于推动先进减排技术的进一步提高

先进的技术都是以实践为基础的,节能低碳技术也同样如此,只有广泛应用后,才能在实际使用中发现目前技术存在的不足之处,从而通过实践反馈到理论,对现有技术做进一步的完善,周而复始,最终达到提高减排效果的目的。

4. 有利于全民降碳意识的提高

通过宣传、推广降碳技术清单的应用,是提高全民节能低碳意识的有效途径之一。将先进的节能低碳技术列入行业的降碳技术清单,进行整体的宣传和普及推广,更易于被广大群众接受和认可。有助于行业和社会养成自觉选用清单技术的良好习惯,影响人们的长期用能行为。对于提高全社会的节能低碳意识,树立生态文明观念,改变粗放的能源消费方式也同样具有十分重要的意义。

三、降碳技术清单的建立

随着近年来道路运输行业对节能低碳工作的重视,行业内已经涌现出了一大批优秀的碳减排技术,本书结合交通运输部科技项目《交通运输行业重点节能低碳技术推广目录研究》课题,利用研究提出的技术评价方法,对道路运输行业内的各项节能低碳技术进行评价;并根据评价情况进行总结分析,从道路运输行业"车、路、人"等要素出发,建立了道路运输行业的降碳技术清单,主要包括车辆能效提升、运输线路优化、人员操作培训等3个方面。

1. 车辆能效提升

车辆能效提升主要是通过技术手段或燃料替代方式,使运输车辆整车的燃料消耗量能够得以降低,达到减小车辆碳排放量的目标。如通过改造车身形状降低车身阻力,采用先进发动机技术提高热效率,采用新能源汽车替代传统燃油车等手段,降低车辆油耗,提高车辆燃油经济性。

2. 运输线路优化

运输线路优化主要是通过车辆与运输路线的合理匹配,最优化路线的选择等方式,优化车辆的运输组织方式,提高车辆使用效率,降低车辆在运行过程中的燃料消耗,在保障运输服务满足需求的情况下降低碳排放量。

3. 人员操作培训

人员操作培训是指道路运输从业人员通过培训,更加科学地操作车辆等用能设备,在使用过程中降低整车燃料消耗量,达到减少车辆碳排放量的目的,如节能驾驶操作等。

基于本书提出的道路运输行业碳减排技术评价方法,对国家发展和改革委员会发布的《国家重点节能低碳技术推广目录》(2016年、2017年),交通运输部分别发布的《全国重点推广在用车船节能产品(技术)推广目录》("十一五"第一批、"十一五"第二批、"十二五"第一批、"十二五"第二批),《交通运输行业节能减排示范项目》(第一批至第五批),《交通运输行业绿色循环低碳示范项目》(第一批),《交通运输行业重点节能低碳技术推广目录》(2016年度、2019年度)等系列节能低碳技术中涉及道路运输行业的技术进行评价。对结果进行汇总梳理后,分别从上述3个方面进行统计分析,形成了道路运输行业的降碳技术清单,具体如表7-7~表7-9所示。

道路运输行业降碳技术清单(车辆能效提升)　　　　表7-7

清单类别	减排途径	技术概况
车辆能效提升	减小车辆行驶阻力	通过改变车身形状,改善通风结构,装备导流罩、侧裙、尾翼等空气动力学装置等,减小车辆行驶空气阻力
		加装绿色节能轮胎,减小车辆滚动阻力
	车身轻量化	通过采用铝合金等轻型材料加强整车轻量化
		加强整车的轻型设计技术
		辅机、电器设备等整车附属部件的轻量化
	传统车辆能效提高	通过改善燃烧、减少冷却损失等技术提高热效率
		通过可变阀定时器、可变排气量等技术改善部分负荷性能
		通过降低摩擦和驱动损失提高机械效率
		增强发动机与整车的匹配

续上表

清单类别	减排途径	技术概况
车辆能效提升	燃料替代	纯电动汽车
		氢燃料电池汽车
		天然气汽车
		醇类燃料汽车
	节能添加剂、润滑油	助燃剂
		清净剂
		提升剂
		润滑剂
		减摩机油
	外接节能装置	发动机自修复机油
		节油器
		增压器
		制氢机
		磁化器

道路运输行业降碳技术清单（运输路线优化） 表7-8

清单类别	减排途径	技术概况
运输线路优化	调整车辆运力结构	以车辆实载率为标准，做好车队不同车型的有机组合
		积极淘汰老旧车型，选用单位周转量碳排放强度低的新型车辆
		积极采用载货能力更强的大型货运车辆，发展集装箱半挂运输、甩挂运输等
	优化运输组织形式	做好货源匹配，有效利用车辆运输能力，注重回程车利用
		提高装载转运环节的工作效率，有效利用客货集散点建设便利的配套设施
		加强运输的集中管理，积极采用共同配送等集中控制手段
	利用信息化手段提高效率	建设无车承运、公共信息共享平台，实现运输需求与供给信息的实时采集与共享
		做好运输线路选择，选择运输距离短、运行工况好的最优线路
		做好车线匹配，根据运营线路及客货种类，选择与之匹配度最好的车种或车型
	优化运输调度管理	发展基于人工智能、自动驾驶车队理念的运输统一调配协调

道路运输行业降碳技术清单（人员培训） 表7-9

清单类别	减排途径	技术概况
人员操作培训	节能低碳驾驶操作	积极采用汽车节能驾驶操作技术
	节能低碳驾驶培训	在驾驶培训中推广使用驾驶模拟器

第八章 典型节能低碳技术案例介绍

为保障道路运输行业节能低碳技术的科学推广和应用,本书对当前道路运输行业节能低碳技术应用的典型案例进行了整理分析,形成了案例介绍,主要包括纯电动汽车、氢燃料汽车等新能源汽车替代燃油车的科学应用,适合特殊工况的新型运输装备应用介绍,安全高效的管理模式应用等相关技术。

第一节 纯电动重型载货汽车在物流行业的应用

本技术收录在《交通运输行业节能低碳技术推广目录》(2021年度)中。

一、研究背景、技术使用范围及优势

1. 研究背景

交通运输行业是能耗和排放的重点行业之一。道路运输领域作为交通运输行业的主体,2019年完成的客货运量占比均超过70%。其碳排放在交通运输行业的占比也超过了50%,是交通运输节能降碳的重点领域。而公路重载货运领域的碳减排,更是重中之重。

推广应用新能源汽车是国际公认的道路运输领域节能降碳的重要措施。一直以来,公路货运车辆的油耗和尾气排放均居高位,尤其是重型柴油货车,更在其中占据重要比例。重型载货汽车的新能源化,是当前和今后一段时期内重要的发展趋势和方向,而新能源化中最为重要的方向之一,就是重型载货汽车的电动化,即电动重型载货汽车。

2019年9月,党中央、国务院印发了《交通强国建设纲要》,为今后一段时间交通运输行业的发展指明了方向,明晰了路径。其中明确提出要促进公路货运节能减排,打好柴油货车污染治理攻坚战,推动城市公共交通工具和城市物流配送车辆全部实现电动化、新能源化和清洁化。2020年11月,国务院办公厅印发了《新能源汽车产业发展规划(2021—2035年)》,在推动新能源汽车与交通融合发展章节中提出"推动新能源汽车在城市配送、港口作业等领域应用"。

此外,交通运输部、工业和信息化部也针对新能源重型载货汽车的试点应用进行了重点部署安排,推动新能源重型载货汽车在短途运输、城建物流及矿场等特殊场景的应用。

因此,在道路货运行业推广应用纯电动重型载货汽车具有重要意义。

2. 技术适用范围

纯电动重型载货汽车适用于重载、短距离、高频次货运线路应用,如货物集疏港运输、固定线路的短途物流运输等。为保障应用经济性及便利性,鼓励采用自建配套充电基础设施的方式开展。

3. 技术优势

相比传统燃油车,纯电动重型载货汽车具有多重优势,具体如下:

(1)效率更高

从发动机理论上来讲,纯电动汽车比普通内燃机车具有更高的热效率。当前,最高效的内燃机热效率约为40%,而大多数电动机可以将90%的能量作为动力传输。当然,在实际行驶过程中,由于驾驶条件、道路条件、温度对电池的影响等原因,纯电动汽车效率会存在部分下降,但总体效率仍高于传统柴油车。

(2)更有利于节能降碳

纯电动重型载货汽车以电力为驱动力,可以做到整个运行过程零排放,一方面可以极大减少对化石燃料的依赖,另一方面也可以大幅降低柴油重型载货汽车造成的环境污染和碳排放。在能源转换和碳中和背景下,纯电动重型载货汽车具有更大的发展空间。

(3)节省运营成本和保养费用

在运营成本方面,相比传统燃油价格,纯电动重型载货汽车充电费用相对较低,且通过自建充电桩、采用波谷充电等方式,还可进一步降低其运营成本。在保养费用方面,由于纯电动重型载货汽车的车辆结构相比传统燃油车较为简单,其在使用过程中的维修、保养费用均相对低廉。综上,纯电动重型载货汽车在其生命周期内的使用成本相比传统燃油车显著降低。

二、关键技术及流程

为解决传统燃油重型牵引车运行过程中带来的燃料消耗和排放问题,基于利用纯电动重型载货汽车代替传统燃油重型牵引车的思想,综合分析当前市场上现有纯电动重型载货汽车的额定载货量、电池容量、续驶里程、充电时间等性能指标,结合企业当前运营业务种类,科学合理选择可替代传统燃油车的运营路线,并根据需求进行纯电动重型载货汽车的选型。

1. 业务及路线分析

该企业在上海松江和上海奉贤有两个大型仓储,每年有约60000个集装箱需往返于松江、奉贤仓储和外高桥、洋山港码头。企业采取购买运力服务的模式。经过初步预测,仅在上海地区就有每年5万箱量适合纯电动拖车的短途运输。

为达到可持续发展目标,该公司在上海区域的集卡物流领域导入纯电动载货汽车相关工作。从2018年开始,针对纯电动重型牵引车的选型、测试及货运线路的选择,测试物流服务商选择,测试结果跟踪,大规模推广计划等方面进行了多次的沟通,并组织测试运行。

经过初期的路线调研和运量分布分析,将纯电动重型载货汽车的运营线路选定在上海周边,主要依托目前现有的两个上海区域物流分拨中心(DC)。整条线路上约60%的运量是港口和DC之间的来回拖车业务。且两个DC的产权是该企业自有,方便在现场建造充电桩,可以有效规避当前充电基础设施布设范围不完善的问题。

选定在上海周边开展纯电动重型载货汽车试点应用后,下一步较为重要的工作是选定具体的运行线路。关于线路的具体分析数据有以下几方面。

(1)路线分析

企业运输业务主要集中于松江、奉贤两个分拨中心和上海洋山深水港、外高桥港两个港口之间的集疏港运输业务。其中松江 DC 到洋山港的距离为 126km,来回程里程超过 250km,当前纯电动重型载货汽车约 200km 的续驶里程难以满足来回程的需求,除非在洋山港也安装充电桩。而奉贤 DC,距离洋山港 50km 左右,距离外高桥港 70km 左右,来回程总里程为 140~160km,当前纯电动重型载货汽车的续驶里程能够满足需求。因此,企业只需要在奉贤 DC 内建设充电桩,即可满足到两个港口的运输业务,是最为适合使用纯电动重型载货汽车的线路。

(2) 运力分析

相比传统柴油车,纯电动重型载货汽车的经济效益主要体现在应用环节,因此,在纯电动重型载货汽车的应用中,如想获得满意的应用效果,必须满足高频次、大运量的要求。企业运力分析情况如表 8-1 所示。

企业运力分析表　　　表 8-1

距离范围(km)	适用车型	业务占比(%)
<50	续航大于 120km 的纯电动重型载货汽车,氢燃料重型载货汽车	19.21
50~64	续航大于 150km 的纯电动重型载货汽车,氢燃料重型载货汽车	10.66
65~99	续航大于 200km 的氢燃料重型载货汽车	18.15
100~129	柴油或者液化天然气(LNG)重型载货汽车	10.80
130~199	柴油或者液化天然气(LNG)重型载货汽车	15.42
≥200	柴油或者液化天然气(LNG)重型载货汽车	25.77
总和		100.00

由表 8-1 可知,有 29.87% 运量的运输距离在 0~65km 之间,来回程最大距离在 130km 以内,符合纯电动重型载货汽车的续航里程,每天有接近 100 个集装箱柜需运送,因此,选取此部分运量作为纯电动重型载货汽车的试点应用。

2. 纯电动重型载货汽车选型技术

为科学开展纯电动重型载货汽车选型,该企业对当前中国纯电动物流车市场展开分析。相比新能源客运车辆,新能源物流车起步相对较晚,根据新能源汽车国家大数据联盟平台统计,截至 2020 年 9 月 30 日,新能源客车保有量在 35.99 万辆,新能源乘用车保有量在 278.31 万辆。而新能源货运车辆共约有 34.60 万辆(其中纯电动车占比 98.91%,燃料电池车占比 0.92%,插电混动车占比 0.17%),具体如表 8-2 所示。

中国新能源物流车保有量汇总表(万辆)　　　表 8-2

车型	纯电动	插电混动	燃料电池	总计
轻型物流车(<4.5t)	33.494	0.061	0.004	33.60
中型载货汽车(4.5~12t)	0.679	0	0.311	0.99
重型载货汽车(>12t)	0.05	0	0	0.05

由表 8-2 可知,当前纯电动重型载货汽车保有量仅约占新能源物流车保有量的 0.1%,总体市场及应用均处于起步阶段。究其原因,虽然当前国家高度重视纯电动重型载货汽车的推广应用,相比传统燃油车,电动重型载货汽车也存在着较为明显的优势,但仍应看到,纯电动重型载货汽车在我国的发展仍处于起步阶段,技术成熟度有待提高,其在日常应用中,也存在一些障碍。

(1) 续驶里程受限

纯电动重型载货汽车的续驶里程主要取决于车辆搭载的动力电池容量,但搭载大量动力电池,又会造成纯电动重型载货汽车的自重较大,导致其百公里电耗增加,载质量利用系数下降等问题。因此,在动力电池能量密度未得到较大提升之前,纯电动重型载货汽车的续驶里程将成为其在实际应用中的最大障碍之一。目前我国国产纯电动重型载货汽车的续航目前均在200km 左右,且厂家标称续航基于整车定型试验数据,重型载货汽车的实际应用工况与测试工况存在一定差距,造成实际续航相比标称续驶里程有所降低。如该企业前期测试的车辆,整车标称续航为 180km,但在实际运行过程中,实测的续航里程为 150km,无法满足仓库到港口的距离要求。

(2) 充电设施不够完善

与当前广泛应用的纯电动乘用车、客车及轻型物流配送车相比,纯电动重型载货汽车搭载的电池容量较大,且纯电动重型载货汽车的实际运营对其充电时间有较高要求,需要在短时间内充入较大电量,这就对纯电动重型载货汽车充电基础设施的充电功率提出了要求。因此,当前广泛布设的普通功率充电设施并不适合纯电动重型载货汽车应用,需要建设特殊的大功率双枪充电基础设施。目前针对纯电动重型载货汽车的公共充电设施建设仍处于起步阶段,在上海地区,适用于纯电动重型载货汽车的高功率充电桩资源偏少,且并未分布在港口、火车站以及物流园区周边,覆盖范围有限,难以满足规模化应用需求,其成为纯电动重型载货汽车推广应用的障碍之一。

(3) 环境适宜性有待提高

由于动力电池的电化学特性影响,当温度在 25℃±5℃ 区间时,动力电池的活性最大,也是最适宜工作的温度区间。当温度过低时,锂电池放电能力会有所降低,造成车辆的续驶里程进一步降低。当温度过高时,会触发动力电池热失控风险,存在安全隐患。因此,包括纯电动重型载货汽车在内的纯电动汽车,均面临环境适宜性的问题,成为纯电动重型载货汽车在我国的广泛应用的又一障碍。

(4) 整车价格相对较高

对于企业用户而言,纯电动重型载货汽车的初始购置成本较高,成为纯电动重型载货汽车规模化应用的障碍之一。目前一辆传统燃油重型载货汽车的售价约为 40 万元,而纯电动重型载货汽车的售价则接近 100 万元。其原因主要包括两个方面,一是为满足重型载货汽车所需的续驶里程,一般其搭载的动力电池容量较大,当前动力电池的成本虽有了较大幅度的下降,但仍处于高位。二是目前重型载货汽车应用量较小,产品的规模化效应显现不明显,造成生产成本居高不下。

为科学开展纯电动重型载货汽车的选型,该企业分析了当前市场上主流车型的参数及性能,具体如表 8-3 所示。

市场主流纯电动重型载货汽车参数一览表　　　　　　　表8-3

品　　牌	公告型号	驱动形式	电池类型	电池容量(kWh)	续航里程(km)
比亚迪牌Q3	BYD4250DDABEV	6×4	磷酸铁锂电池	217.6	150
比亚迪牌	BYD4180D8DBEV	4×2	磷酸铁锂电池	350	210
比亚迪牌Q1	BYD4180D8CBEV	4×2	磷酸铁锂电池	217.6	150
解放牌	CA4180P26BEVA80	4×2	磷酸铁锂电池	184.32	150
解放牌	CA4181P25BEVA80	4×2	磷酸铁锂电池	130	100
解放牌	CA4250P25T1EVA84	6×4	磷酸铁锂电池	—	—
东风牌	EQ4250GTBEV	6×4	磷酸铁锂电池	290.61	210
大运牌	CGC4250BEV1GCG2	6×4	磷酸铁锂电池	290.61	170
大运牌	CGC4180BEV1AAEJNALD	4×2	磷酸铁锂电池	130.1	105
华菱牌	HN4251H35C8BEV	6×4	磷酸铁锂电池	322.56	180

通过对表8-3中各车辆性能的分析，综合企业运营需求、车辆价格，综合开展了纯电动重型载货汽车的车型选择，并最终选定采用华菱星马HN4252H35C8BEV型纯电动重型载货汽车进行应用。

三、技术应用情况

为推动道路运输行业节能降碳和绿色发展，该企业开展了纯电动重型载货汽车在物流行业的应用，包括2辆HN4252H35C8BEV型纯电动重型牵引车，1个配套充电基础设施。车辆投资额80万元，配套充电基础设施投资额30万元，投资回收期5~6年。实施方案具体如下：

(1)2017年12月，确定项目开展。

(2)2018年6月，开展了当前中国新能源物流车市场产品分析及纯电动重型载货汽车性能分析，确定了车辆选型过程中重点关注的载质量、电池容量、续驶里程、充电时间等性能指标。

(3)2020年1月，结合自身运输业务，明确了适合纯电动重型载货汽车应用的运输线路。

(4)2020年6月，经与华菱星马汽车有限公司沟通协商，选用HN4252H35C8BEV型号的纯电动重型载货汽车，在确定线路上正式开展车辆应用。车辆总质量49t，额定载质量29t，电池容量282kWh，续驶里程170km。确定选用的充电桩可支持双枪充电，最大充电功率240kW，最快0.8h可充满一辆纯电动重型载货汽车的电量。

选用车辆配置表如表8-4所示，车辆外观如图8-1所示。

纯电动重型载货汽车参数一览表　　　　　　　　　表8-4

名　称	参　数	备　注
公告号	HN4252H35C8BEV	
车辆品牌	华菱星马	
车型	驱动形式:6×4;尺寸:7490×2550×3835mm	
额定总质量	49t	
载货质量	29t	
电机功率	额定250kW;峰值350kW(476马力)	
电机扭矩	额定2000N·m;峰值3500 N·m	
变速箱	9挡自动变速箱	
额定最高时速	90km/h	上海特佰佳提供动力总成
最大爬坡度	25%	
转弯直径	17m	
电池类型	磷酸铁锂电池	亿纬锂能提供电芯
电池电量	282kWh	
续航里程	170 km(40kM/h满载,总质量49t)	SOC20%~100%区间
每公里电耗	约1.7kWh/km	
充电方式	换电站内1C充电,配置快充口,可实现单枪最大250A补电,最大充电功率150kW	
换电站内充电时间	0.8h(从电池容量20%充至90%)	90%~100%约40min
换电时间	不超过5min	

图8-1　纯电动重型卡车外观

(5)截至目前,车辆应用情况良好,车辆及充电基础设施在使用过程中未出现故障,能够较好地满足运输业务需求。应用过程中,平均充电频次为3次/天,总体运输货物量4800t,平均每天运输货物量40t。以其中以1辆沪A02855D车辆为例,具体应用情况如表8-5所示。

纯电动重型载货汽车应用情况一览表 表8-5

时间	车牌号	运输量(箱)	行驶总里程(km)	总能耗(kWh)	平均能耗(kWh/km)
6月份	沪A02855D	64	1174	2092.38	1.78
7月份	沪A02855D	129	2329	3570.72	1.53
8月份	沪A02855D	75	1527	2141.4	1.40
9月份	沪A02855D	43	802	1163.58	1.45
合计		311	5832	8968.8	1.54

四、节能降碳效益测算评价

1. 节能效益

经测算,纯电动重型载货汽车和传统燃油车的能源消耗情况如表8-6所示。

能源消耗情况对比 表8-6

车辆类型	单位能耗	行驶里程	总能耗
纯电动	1.5kWh/km	130km/日	23.97kgce/日
柴油	0.3L/km	130km/日	48.87kgce/日

由表8-6可知,车辆每日行驶里程为130km,采用纯电动车时,单日总能耗为:130×1.5kWh=195kWh,按照电能折合标准煤系数0.1229kgce/kWh计算,共消耗标准煤23.97kgce。采用柴油车时,单车总能耗为130×0.3=39L,柴油密度按照0.86kg/L计算,柴油折合标准煤系数1.4571kgce/kg,折合标准煤39×0.86×1.4571=48.87kgce。因此,在车辆单日行驶130km时,采用纯电动车相比柴油车可节能约25kgce/日。

综上,采用纯电动重型载货汽车后,每车每日可节能约25kgce,按照5辆车一年计算,项目共可节能45.63tce。

2. 减排效益

该企业从2017年开始,在企业内部建立了二氧化碳排放计算系统,该系统是基于国际上通用的GLEC计算方法。而在本案例中,使用《综合能耗计算通则》(GB/T 2589)进行减排计算。

纯电动重型载货汽车在运行过程中可以做到零排放,通过表8-6计算可知,采用柴油车时,单车单日总能耗为39L,单车单日碳排放为39×0.86×3.0959=103.84kg。

综上,采用纯电动重型载货汽车后,每车每日可减少碳排放103.84kg,按照5辆车1年计算,项目共可减碳189.51t。

3. 经济效益

电动车的价格主要取决于电池容量的大小,越大的电池容量,意味着更高的整车价格,也意味着更长的成本回收时间。基于以上考虑,选择合适的续航里程对纯电动重型载货汽车的应用尤为重要。

根据路线分析和运力分析,考虑使用续航里程在170km左右的纯电动载货汽车最为合适:一是因为282kWh的纯电动载货汽车选择余地较多,多数厂商均有生产;二是因为续航里程170km超出确定应用路线20%~30%,可以有效避免驾驶员的里程焦虑。

目前市场上有三种商业模式。第一，全款购买，前期投入较大，且由于电池迭代速度较快，投入成本贬值较快；第二，车电分离模式，用户投资 30 万~40 万元购买不带电池的载货汽车，每月租赁电池，好处是不用担心电池迭代及电池损ույց；第三，整车租赁，目前市场上可以提供租赁的公司很少见，单车租赁价格在每月 15000~20000 元之间，根据车辆的电池容量有不同幅度的波动。

针对租赁模式，我们进行了几种场景的成本分析如下：场景 1 为公共充电桩补电，场景 2 为采用自建充电桩，场景 3 为自建充电桩且在低谷补电。其具体成本分析如表 8-7~表 8-9 所示。

公共充电桩补电场景成本分析 表 8-7

车辆	租金	维修	总价	能耗	能源价	单价
纯电动	15000 元/月	0 元/月	15000 元/月	1.5kWh/km	1.4 元	2.1 元/km
柴油	6667 元/月	500 元/月	7167 元/月	0.4L/km	6.4 元	2.56 元/km
每月平衡公里数						567km

自建充电桩补电场景成本分析 表 8-8

车辆	租金	维修	总价	能耗	能源价	单价
纯电动	15000 元/月	0 元/月	15000 元/月	1.5kWh/km	0.85 元	1.3 元/km
柴油	6667 元/月	500 元/月	7167 元/月	0.4L/km	6.4 元	2.56 元/km
每月平衡公里数						157km

自建充电桩且在低谷补电场景成本分析 表 8-9

车辆	租金	维修	总价	能耗	能源价	单价
纯电动	15000 元/月	0 元/月	15000 元/月	1.5kWh/km	0.4 元	0.6 元/km
柴油	6667 元/月	500 元/月	7167 元/月	0.4L/km	6.4 元	2.56 元/km
每月平衡公里数						116km

由表 8-7~表 8-9 可见，充电成本极大影响了投资回报时间，如果使用自建充电桩充电且能在低谷充电，纯电动载货汽车每天行驶 116km 就和柴油载货汽车的成本持平，之后相比柴油载货汽车，每增加 1km 都会有 0.6 元的盈利。

在投资回报分析中，我们可知如果自行安装充电桩，且在夜间充电，在每天行驶 116km 后，每辆纯电动载货汽车可以带来 0.6 元/km 的盈利。以每辆车每天行驶 300km 计算，年盈利情况如表 8-10 所示。

自建充电桩且在低谷补电场景年盈利情况分析 表 8-10

仅夜间充电(0.4 元/kWh)				
每公里盈利	每天盈利公里数	每天盈利	每月盈利	单车年盈利
0.6 元	184km	110.4 元	3312 元	39744 元
仅白天充电(0.85 元/kWh)				
每公里盈利	每天盈利公里数	每天盈利	每月盈利	单车年盈利
0.6 元	143km	85.8 元	2574 元	30888 元

由表 8-10 可见,如选择仅夜间充电,单车年盈利可达 39744 元,如选择仅白天充电,单车年盈利为 30888 元。

4. 社会效益

公路货运领域是交通运输行业能耗和碳排放重点领域,节能降碳需求明显,面临形势严峻。与当前电动化进程较快的公交车、客车和城市物流配送车领域不同,纯电动重型载货汽车在物流行业的应用尚处于起步阶段。在此背景下,本案例积极探索开展了纯电动重型载货汽车的应用,通过科学选取合适的业务类型、运行线路及车型,在充分发挥纯电动重型载货汽车优势的同时,有效规避了纯电动重型载货汽车的应用障碍,最终做到了对传统燃油车的有效替代,能够完全满足运输业务需求,实现了运输过程的节能和零排放,具有较大的社会效益,同时也可为后期纯电动重型载货汽车的规模应用提供参考和借鉴。

五、推广建议

为进一步扩大纯电动重型载货汽车的应用规模,推动交通运输行业的节能降碳和绿色发展,提出推广建议如下:

(1)推动开展纯电动重型载货汽车的应用示范。本案例应用表明,在特定区域、特定运行工况下,纯电动重型载货汽车能够较好地替代传统柴油车,完成运输业务需求,建议交通运输行业选取合适的场景、区域及企业,开展纯电动重型载货汽车应用示范。一是能够更好地进行重型载货汽车的推广应用,二是可以通过示范引导车辆生产企业进一步丰富车型,解决当前市场上可选车型较少,适用面有限的问题。

(2)对纯电动重型载货汽车的应用给予一定的运营补贴。当前纯电动重型载货汽车的购买价格仍然偏高。为推动道路货运领域的节能降碳,建议结合应用示范,给予纯电动重型载货汽车一定的运营补贴,通过资金补贴激励企业应用积极性。

(3)出台纯电动重型载货汽车应用相关标准规范,统一充电接口,完善大功率充电设施的普及。大容量电池的充电需要大功率充电桩来减少充电时间,提升行驶效率。目前由于纯电动重型载货汽车市场尚未成熟,大功率充电设施的投资项目非常有限,充电网络的普及将有效推动纯电动重型载货汽车的应用。

(4)积极探索换电模式在纯电动重型载货汽车上的应用。纯电动重型载货汽车应用的障碍之一是由于其搭载的电池容量较大,造成充电时间过长。即使使用大功率充电桩,充电时间也在 1h 左右。换电模式目前在我国逐步兴起,政府相关政策也给予了高度关注,市场上已有一些厂商推行换电方案,这可能成为未来纯电动重型载货汽车应用的发展方向,但仍需市场实践来验证。

当前纯电动载货汽车的推广速度正在加速,近期比亚迪、华菱、一汽解放等多个厂商都推出了纯电动载货汽车产品,同时纯电动载货汽车技术也在不断进步,包括电池技术提升(容量和电耗)、电池管理系统升级等,都将推动纯电动载货汽车的加速发展。如果加上政府的扶持和社会的认可,更多的企业加入此领域,将会大大降低载货汽车购买和租赁的成本,以及促进公共充电桩的普及。综上所述,纯电动载货汽车的未来值得期待。

第二节 氢燃料电池汽车在公交行业的应用

氢燃料电池汽车拥有续驶里程长、能量转换率高、氢燃料可再生的优点,是我国新能源汽车产业重要组成部分。通过对氢燃料电池汽车在公交客运的应用分析,结合我国氢燃料电池发展现状,可以预计:氢燃料电池汽车作为一种真正意义上的"零排放,无污染"载运工具,是未来新能源清洁动力汽车的必然发展方向之一,其研发与量产必将成为全球汽车工业领域的一场新革命。

一、技术原理

氢燃料电池将氢气送到燃料电池的阳极板(负极),经过催化剂(铂)的作用,氢原子中的一个电子被分离出来,失去电子的氢离子(质子)穿过质子交换膜,到达燃料电池阴极板(正极),而电子是不能通过质子交换膜的,电子只能经外部电路,到达燃料电池阴极板,从而在外电路中产生电流。电子到达阴极板后,与氧原子和氢离子重新结合为水。由于供应给阴极板的氧,可以从空气中获得,因此只要不断地给阳极板供应氢,给阴极板供应空气,并及时把水(蒸气)带走,就可以不断地提供电能。燃料电池发出的电,经逆变器、控制器等装置,给电动机供电,再经传动系统、驱动桥等带动车轮转动,就可使车辆在路上行驶。

二、技术优势

氢燃料电池汽车与传统燃油车相比的技术优势主要体现在以下几个方面:

(1)能量转化率高

氢燃料电池汽车能量转化效率高达60%~80%,为传统燃油车的2~3倍。

(2)节能环保、性能优越

燃料电池的燃料是氢和氧,生成物是清洁的水,自身工作不产生一氧化碳和二氧化碳,也没有硫和微粒排出。因此,氢燃料电池汽车是真正意义上的零排放、零污染的交通工具。

(3)燃料补充时间短

氢燃料电池汽车加注氢气的过程非常快速便捷,采用专门的加氢设备,充满氢原料仅需8~10min。相对于纯电动汽车超长的充电等待时间而言,其优势是显而易见的。

(4)使用能源可再生

相对柴油、汽油,氢能源最大的优势就是可再生。除了工业副产品制氢之外,还能通过煤制氢、利用谷电电解水制氢等,全生命周期的能源效率要优于汽油、柴油。

三、技术应用情况

氢燃料电池汽车加氢时间短,续驶里程长,适用于公路客运和公交客运。郑州某公交企业(简称郑州公交)现有氢燃料电池车辆23台,车型为宇通牌ZK6125FCEVG5,是宇通客车研发的第三代氢燃料电池公交车,加氢时间约为8~10min,加满氢后理论续驶里程为500km,比较符合公交的实际运营需求。车辆目前全部在727路上运营,日均运营里程195km,百公里氢耗约为8kg(不开空调和暖风),距加氢站终点站约3km,加氢频率为1.5天/次,每次加氢量约为

20kg,车辆的调度和运营方式和传统车辆相同,可以1:1替代传统车辆。

1. 建立智能化的车辆管理平台

郑州公交大力实施科技创新,着重应用现代信息技术,通过持续投入、持续推进、持续提升,建立了先进的智能化平台,实现了氢燃料电池车辆整车运行状态数据、故障诊断数据、公交运营数据、客流数据等数据的采集与处理,对整车的工作电流电压、燃料电池电堆工况、电动机状态、制动气压的实时动态监控,以及故障诊断自动化、智能化平台的应用,提高了运营生产组织效率和管理水平,为氢燃料电池车辆高效、安全运营保驾护航。

2. 建立规范化的管理制度

(1)联合客车生产厂家成立氢燃料电池公交车示范运营保障小组,负责车辆运营过程中的信息收集、反馈与技术支持。

(2)结合生产实际,目前正在制订《氢燃料电池公交车辆各级维护修理工艺规范》等制度。

(3)突出结果评价,使氢燃料电池公交车辆的用、管、修三位一体,有机结合。

四、效益分析

1. 节能低碳效益

据统计,常规12m柴油公交车平均百公里油耗约为42L,每台车每年平均运营5.5万千米,23台12m常规柴油公交车年消耗柴油量为53.13万升。按照12m氢燃料电池汽车能1:1替代12m常规柴油公交车,23台氢燃料电池汽车年可节省柴油量为53.13万升。与同型号常规柴油公交车相比(以12m车为例),氢燃料电池公交车辆每天可减少尾气排放量176.22kg,每年可减少尾气排放量63.02t。

2. 经济效益

经统计,23台氢燃料电池汽车自投入运营以来,共运营41.8万千米,耗氢量为3.66万千克,百公里氢耗量为8.7kg,按照40元/kg计算车公里费用为3.5元/km。

3. 社会效益

氢燃料电池汽车采用无级变速,使驾驶员从繁重的手动操作环境中解脱出来,可投入更多的精力去驾驶车辆,降低其劳动强度。

氢燃料电池汽车还具有良好的行进加速性、低温起动性、全工况高效率、噪声低、零污染物排放、乘坐舒适性好等优点。

五、推广建议

1. 实现关键材料的批量生产

当前我国氢燃料电池的很多核心零部件仍依赖进口,导致车用燃料电池系统很贵,整车造价高,只有加快燃料电池核心技术组件及催化剂的研制和产业化,打通产业链关键环节,实现关键零部件的国产化和批量化,才能显著降低车辆购置成本。

2. 降低氢燃料的价格

氢气供给产业链的缺乏导致加氢站的氢价高,使得目前氢燃料电池车的运行费用比燃油车、纯电动汽车都高,只有尽快建立氢气供给产业链,通过规模化建设,大规模应用,因地制宜推广应用工业副产氢或煤制氢、光伏制氢等技术,大幅降低用氢成本,从而降低氢燃料电池汽车运营成本,推动产业化发展。

3. 建立区域性加氢站,满足运营需求

氢燃料电池汽车对配套基础设施的需求甚至要高于纯电动车。在加氢站方面,如果没有成规模的加氢站网络,氢燃料电池汽车将寸步难行。尽管国家有补贴政策,但成本还是比较高。在当前氢燃料电池汽车较少的情况下,可以根据氢燃料电池商用车固定线路运行的特点,建立区域性加氢站,满足示范运营需求。但随着氢燃料电池汽车数量的增大,需要建设的加氢站也会逐步增多,这是市场发展的必然趋势。

第三节　台架式卷钢集装箱运载技术

台架式卷钢集装箱运载是一种采用台架式集装箱来实现卷钢安全、便捷运载的技术。

一、技术原理

该技术采用台架式集装箱运输卷钢,集装箱的底部设有三组两级角度的V形鞍座,适应不同卷径,鞍座表面设有非金属表面,起到缓冲和增加摩擦在作用(图8-2)。卷钢置于V形鞍座内运输,无需纵向和横向拴固,且集载能力可达到30t。

图8-2　集装箱台架实景图

该箱两端设有固定端框及标准集装箱角件,能适应既有的集装箱运输车、船和集装箱吊具,且该箱还具备堆码能力,可以堆垛运输或存储。另外,该箱配有篷布,必要时可对卷钢进行防护。

二、技术内容

1. 主要用途

台架式卷钢运输集装箱适用于铁路、公路和水路联合运输卷钢,运输钢卷卷径范围为800～1900mm,单卷卷钢质量不大于30 t。

2. 主要性能参数及尺寸

总质量(t)	35
自身质量(t)	3.1
载质量(t)	31.9
装运单卷卷钢质量(t)	≤30
最大长度(mm)	6058
最大宽度(mm)	2438
最大高度(mm)	2438
适用卷径(mm)	700~1900
适用最大板宽(mm)	2000

3. 主要性能特点

(1)台架式卷钢运输集装箱能够将既有铁路货车运输卷钢方式进行资源整合,减少运输辅助材料,实现车箱一体化多式联运,降低运输成本,提高经济效益。

(2)台架式卷钢运输集装箱能够满足叉车、自动化专用吊具等机械装备装卸作业,实现绝大部分卷钢的快捷装卸货要求,效率高,减少人工作业,降低劳动强度;对于卷径较小的卷钢也可以实现软吊带装卸,适应卷钢范围广。

(3)装运卷钢规格实现最大化,运输卷径可满足700~1900mm,最大卷重集载运输达到30t,覆盖鞍钢绝大部分的卷钢运输。

(4)采用台架式卷钢运输集装箱,适用公、铁、海多式联运,可以实现门到门的运输方式,避免运输中二次倒装造成的卷钢损伤,提高了运输便捷性和产品安全性。

(5)采用台架式卷钢运输集装箱,解决既有集装箱不能满足大吨位卷钢运输、作业空间小不能实现机械化作业的难题,提高了市场竞争力。

(6)采用二级鞍座设计结构,运输中卷钢无需捆绑加固,避免操作人员在箱内辅助作业,提高装卸作业安全性。

4. 主要结构

台架式卷钢运输集装箱由底架、端墙和防雨装置等部分组成(图8-3)。

图8-3 集装箱台架示意图

(1)底架组成。

底架鞍座采用两级承载面设计,适应卷钢直径范围大;承载面上设有弹性定位挡,满足多种板宽横向定位要求;侧部及鞍座内设有锁闭机构用于篷布拴固。

侧梁在满足垂向刚度的前提下,起横向防护作用,保证运输安全,同时满足叉车、自动化专用吊具等机械化装备作业要求。

(2)端墙。

端墙由角柱、上端梁、下端梁、斜支撑、支撑梁和工具箱组成。

(3)防雨装置。

防雨装置由篷布、紧固装置和拴固装置组成。紧固装置包括锁紧轴、棘轮和座板。

篷布具有折叠收放功能,收放在存储箱内,当卷钢需要防护时,篷布从存储箱内取出,将卷钢罩住,用锁闭机构将篷布四周锁闭。

5. 卷钢装装卸

卷钢的装卸可按照下列几种情况选择装卸设备:

(1)卷钢外径大于1000mm时,可采用叉车和专用吊具进行装卸,满足了绝大部分规格卷钢的装卸。

(2)卷钢外径在900~1000mm之间且内孔径大于600mm时,可以采用叉车和专用吊具装卸;内孔径小于600mm时,须用软吊带装卸。

(3)卷钢直径小于900mm时,不能采用叉车和专用吊具装卸,可采用软吊带装卸。

6. 装载方案

根据卷钢卷重、卷径的不同,可按照以下几种装载方式进行装载。

装载1卷钢卷时,最大卷径不大于1900mm。如图8-4所示。

图8-4 装载1卷钢卷

装载2卷卷钢,最大卷径小于1600mm。如图8-5所示。

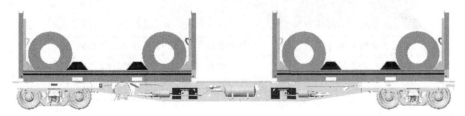

图8-5 装载2卷钢卷

装载3卷钢卷,中间鞍座卷钢卷径小于1900mm,两侧鞍座卷钢卷径小于1600mm。如图8-6所示。

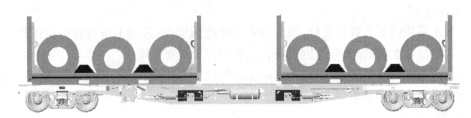

图 8-6　装载 3 卷钢卷

三、主要创新点

1. 篷布可折叠，配件不丢件

该台架式集装箱的防雨篷布具有折叠收放功能，收放在存储箱内。当卷钢需要防护时，将篷布从存储箱内取出，罩住卷钢，用锁闭装备将篷布四周锁闭。配件均固定在箱体上，还不易发生丢件。

2. 箱体可堆放

国内外目前存在的台架式卷钢集装箱大多无法堆叠存放。该集装箱箱体设计时充分考虑到场地占用的问题，可以减少堆存场地占用，加大场地利用率。

3. 无需捆绑加固，安全性强

钢卷立式运输，在装卸时需要进行捆绑和翻转，作业难度较大，且这种方式不适合宽幅小卷运输；卧式运输对卷钢没有特殊要求，但易于滚动，对固定要求较高，目前多采用专用支撑架和掩挡，同时采用捆绑的方式进行固定。

该技术投入使用后，实现了无捆绑加固运输，经过计算和试验，证明其安全可靠，且消除了装载加固的安全隐患；可进行多式联运，消除了倒装过程中的安全隐患，且装卸简便。

四、效益分析

1. 物流节能体系

根据作业环节及碳足迹两个维度，建立物流能耗体系如图 8-7 所示。

图 8-7　建立物流能耗体系

2. 节能低碳效益

通过对图 8-7 进行分析，总结得出本技术较参比对象减少了草支垫等捆绑加固材料的能源消耗及碳排放量。

在运输环节中,目前供鞍钢的草支垫生产厂距成品库距离为单程15km,全程均采用额定载质量为10t的柴油汽车(1L柴油约等于0.85kg水,每公里油耗量为0.4L)进行运输,重车进厂,空车回运。按年台架式卷钢集装箱运量为100万吨计算,假设全部运量均采用12t载质量的草支垫进行装载(单个质量均为3.5t),则需要约计10万个草支垫,年草支垫运输总质量为35万吨。

(1)节能量计算过程及计算公式:

①1.4571kgce/kg × 0.4L/km × 0.85kg/L × 15km × 2 × (350000t/10t) = 520184.7kgce ≈ 520 tce(草支垫的采购物流)

②1.4571kgce/kg × 0.4L/km × 0.85kg/L × 15km × 2 × (350000t/10t) = 520184.7kgce ≈ 520 tce(草支垫的销售物流)

③1.4571kgce/kg × 0.4L/km × 0.85kg/L × 3km × 2 × (350000t/10t) = 520184.7kgce ≈ 104tce(草支垫的生产物流)

④合计 = 520 + 520 + 104 = 1144 tce

(2)碳减排量计算过程及计算公式:

碳减排量 = 3.0959kg/kg × 0.4L × 0.85kg/L × 15km × 2 × (350000t/10t) = 1105236.3kg ≈ 1105tCO_2 × 3.2(考虑草支垫的采购物流 + 销售物流 + 生产物流,原理同上) = 3536 tCO_2

3. 经济效益

按照年100万吨的运量计算,年节约成本为100万吨 × 18.87元/吨 = 1887万元。

4. 社会效益

(1)本项目实施后,新技术替代了原卷钢入普通集装箱采用草支垫的加固方式,将会避免草制品对环境的影响,同时在选用苫盖材料时用固定在箱体的篷布和固件取代了零散摆放的篷布和固件,提高篷布和配套设备的利用效率。

(2)本项目的实施可提高装卸环节的作业效率,减少社会公共资源占用,提高多式联运过程中运输及转运效率;同时也相应了国家推进多式联运的政策,具有巨大的社会效益。

(3)大大减少了人工操作,释放了劳动力。

第四节 公交轮胎全生命周期管理系统

轮胎费用在车辆日常运营成本中占据很大的比例,轮胎管理作为车辆管理不可或缺的组成,越来越受到各级管理者的重视。如何采用信息化手段对轮胎进行有效管理,节省车辆运行成本,提高轮胎管理水平,是当前大型运输企业面临的重要问题之一。大型运输企业轮胎管理体系均比较复杂(见图8-8),而且现在企业对轮胎的管理除数据存储采用自动化方式外,其他各环节大都采用人工方式,不仅效率低下,且会出现信息丢失或数据不准确的情况。

轮胎全生命周期管理系统以RFID芯片作为信息源载体,可记录与轮胎相关的所有信息。芯片与轮胎具有唯一性,与轮胎其他部件无关联,可长久使用直至芯片更换或轮胎报废。植入芯片的轮胎将接受一系列智能化管理,包括轮胎出入库、仓储、使用、检查、翻新维修及报废等,每个环节都可通过手持或其他终端设备来识别芯片,并将轮胎相关信息保存在数据库中,从而实现轮胎使用的全程实时监控和管理。该管理系统操作简单,稳定性高,还能够对轮胎运行里程及轮胎成本进行核算,改变长期以来不能根据实际消耗细化到具体使用单位的问题。

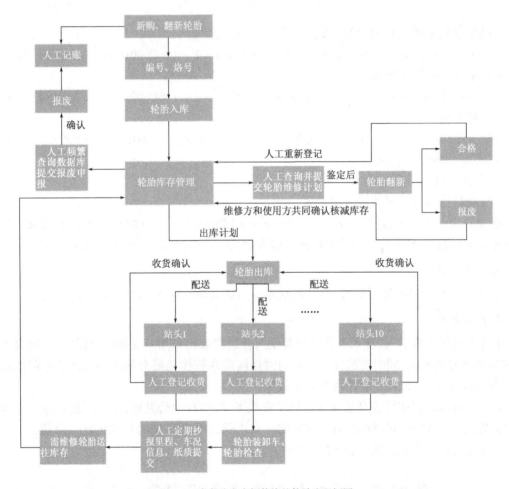

图 8-8　青岛公交车辆传统的轮胎流程框图

一、技术原理

基于 RFID(无线射频识别)的轮胎全生命周期管理系统以成熟稳定的 RFID 技术为手段,对车辆轮胎的购买、仓储、使用、翻修及报废等工作环节进行智能化管理和调度,实现无缝对接,而且能够实时监控各环节的工作开展情况和轮胎使用情况,提高工作效率,同时也可以对轮胎的里程及轮胎故障原因进行大数据分析,帮助企业降低管理和运营成本。

无线射频识别系统的工作原理为:阅读器通过发射天线发送特定频率的信号,当 RFID 标签进入其有效工作区域时标签天线将产生感应电流,使得标签获得能量而被激活,并将自身编码等信息通过内置射频天线发送回阅读器;阅读器接收天线接收到来自电子标签的调制信号,经阅读器信号处理模块对该信号进行解调后发送到后台主机(上位机)进行处理;上位机根据逻辑运算识别该标签的身份和合法性,然后根据不同的设定去完成相应的处理和控制。电子标签接收到射频脉冲后,由其数据解调部分中解调出数据并送到控制逻辑,控制逻辑接收指令完成存储、发送数据或其他操作。

二、实施方案及流程

(1) RFID 轮胎全生命周期管理系统软硬件安装调试。

(2) 系统使用培训。根据企业实际情况制订实施计划,并据此安排各营运分公司、营运路队及维修工厂的培训计划。

(3) 车辆初始化。在车辆特定位置粘贴 RFID 芯片,并与车辆信息进行绑定,包括车辆品牌、型号、组织单位、车辆自编号、运行线路等。

(4) 轮胎初始化。新轮胎采购时,要采购符合系统要求的 RFID 芯片轮胎。不含芯片的轮胎要有计划地加装补片式 RFID 芯片,最终使所有轮胎均具备 RFID 智能芯片。对芯片轮胎进行基础信息绑定,包括轮胎品牌、规格、型号、花纹、标准气压、胎号、自编号等信息。

(5) 各营运分公司在进行轮胎作业时,对含有芯片的车辆及轮胎进行扫描及信息化操作,未芯片化的轮胎仍按照传统模式手工记账,随芯片轮胎的安装,逐步淘汰传统的管理方式(流程见图 8-9)。

三、技术优势和主要创新点

RFID 轮胎全生命周期管理系统属于国内首创,与轮胎人工管理或条码管理相比,该系统在工作效率、可靠性、扩展性及企业收益方面具有质的飞跃。相比传统的管理技术,轮胎全生命周期管理系统具有以下优势:

(1) 每条轮胎的 RFID 芯片具备全球唯一 ID 号。

(2) 芯片伴随轮胎全生命周期,可耐受 200℃ 的硫化温度及不低于 2.6MPa 的压力,可承受 2000V 空气静电要求。

(3) 采用非接触式信息收集,最大扫描距离可达 3m,且不受光线明暗及视野状况的限制,操作更加高效准确。

(4) 管理专业化、体系化,功能强大。具备精准的轮胎库存管理、自动计算轮胎行驶里程、轮胎各阶段精细管理、智能计划提报、轮胎故障分析等功能。

(5) 实时生成各类报表,减少人员投入和干涉。

(6) 系统具备很强的兼容性,可与胎温胎压、ERP 系统等进行数据交互。

通过实际运行,该技术可以提升 30% 轮胎相关工作的效率,数据丢失情况减少 90% 以上,此外企业用胎成本降低 20%,车辆油耗降低 1%。

RFID 轮胎全生命周期管理系统的基础是 RFID 射频识别技术,RFID 技术本身是一项非常成熟的超高频无线通信技术,在服装、汽车、农产品管理等领域都已有多年的应用历史,其与轮胎的结合又代表 RFID 技术向前迈出了一大步,由于需要将 RFID 芯片植入到轮胎内部,在不影响轮胎正常使用的前提下,保证 RFID 芯片 5 年以上信息传输的稳定性(芯片需伴随轮胎全生命周期)。经过中国国橡中心多年的研究与大量实际应用,终于攻克轮胎内置 RFID 芯片的难题,同时起草了国内 4 项行业标准及 2 项国际标准,该项技术可规避轮胎异常并确保轮胎及车辆安全性。

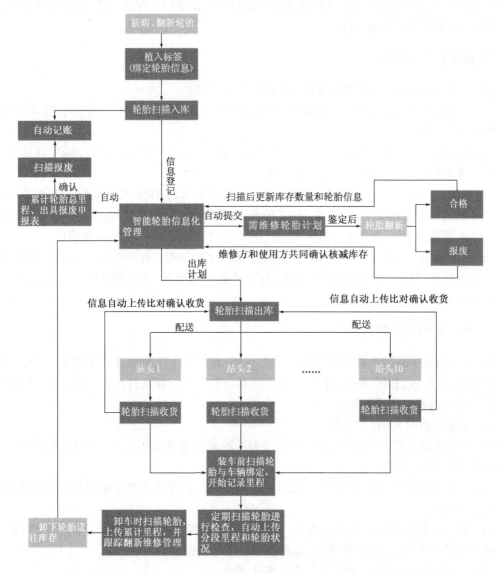

图 8-9　轮胎全生命周期管理流程

四、技术效益分析

1. 节能低碳效益分析

通过实例可知,现在该项技术每年可为青岛公交节省 1200 条轮胎,并降低 0.7% 能源消耗。未来该项技术通过筛选节油轮胎、提升轮胎管理水平可以进一步降低能源消耗,作者预测该项技术每年可为企业节省 3% 以上的燃油或能源消耗。

1200 条轮胎生产消耗见表 8-11,青岛公交年能源消耗及能耗节省见表 8-12。

1200 条轮胎生产消耗表　　　　　　　　　　　　　　　　　　表 8-11

材料名称	轮胎生产消耗	材料名称	轮胎生产消耗
消耗蒸汽	1.152 m³	石化品含量	8.7t
总耗电量	840 kWh	折标煤	36.83 tce/a
炭黑含量	8.7t		

青岛公交年能源消耗及能耗节省表　　　　　　　　　　　　　表 8-12

名称	单位	单耗	年行驶里程（百公里）	车辆数	合计耗能	折标煤（tce/a）	年节省标煤（tce/a）
柴油	L/百公里	32.81	230850	513	7574188.5 L	11036.35	77.3
天然气	m³/百公里	43.49	994500	2210	43250805 m³	52519.45	367.6
纯电动	kWh/百公里	127.17	609750	1355	77541907.5 kWh	9529.90	66.7
无轨电车	kWh/百公里	122	56250	125	6862500 kWh	843.40	5.9
合计	—	—	—	4203	—	73929.10	517.5

注：两项合计每年可节省标煤 589.3 tce。

2. 经济效益分析

该项技术每年可为企业节省 421.7 万元。如果未来该项技术节油达到 3%，那每年可为企业节省 1000 多万的燃油费用。

节省轮胎费用见表 8-13，能源节省见表 8-14。

节 省 轮 胎 费 用　　　　　　　　　　　　　　　　　　　表 8-13

品 名	数 量	单价(元)	金额(万元)
公交专用轮胎	1200	1450	174

能 源 节 省　　　　　　　　　　　　　　　　　　　　　　表 8-14

名称	单位	单耗	行驶里程（百公里）	车辆数（辆）	合计耗能	能源价格	合计花费（元）	节省金额（元）
柴油	L/百公里	32.81	230850	513	7574188.5 L	6.9 元/L	52261900.65	365833.30
天然气	m³/百公里	43.49	994500	2210	43250805 m³	4 元/m³	173003220	1211022.54
纯电动	kWh/百公里	127.17	609750	1355	77541908 kWh	1.6 元/kWh	124067052	868469.36
无轨电车	kWh/百公里	122	56250	125	6862500 kWh	0.66 元/kWh	4529250	31704.75
合计	—	—	—	4203			353861422.7	2477029.96

3. 社会效益分析

采用该技术后，由于节省了柴油或能源消耗，每辆车每年可少排放 310kg 二氧化碳，青岛公交每年减少二氧化碳排放 1000 多吨。假如该技术能推向全国运输企业，每年二氧化碳的排放将减少约 4012 万吨。

青岛公交应用该项技术后，每年减少了 11t 微尘的排放。微尘是由于轮胎磨耗形成的微粒较长时间漂浮在大气中形成的。美国曾有调查,从 1980—2000 年,美国高速公路两旁居民哮喘病的发生率上升了 30%。对于 11R22.5 公交轮胎来讲,当 15mm 的花纹磨至 2mm 时,共磨去 5.56kg。假如车辆每年行驶 4.5 万公里,而轮胎的寿命为 3 年,一辆 6 轮位的公交车,每年向大气中释放的微尘为 11kg,即每 90 辆公交一年中将向大气中释放约 1t 微尘,如果折算成 20 轮位的载货汽车,仅需 9 辆,就能向空气中释放同样数量的微尘。

第五节　主动均衡系统在退役动力电池"梯次利用"储能电站中的应用

2018 年 2 月,由工业和信息化部、科技部、环境保护部、交通运输部、商务部、质检总局、能源局七部委联合印发的《新能源汽车动力蓄电池回收利用管理暂行办法》(工信部联节[2018]43 号)中,要求汽车生产企业承担动力蓄电池回收的主体责任,相关企业在动力蓄电池回收利用各环节中履行相应责任,保障动力蓄电池的有效利用和环保处置。

"梯次利用"虽然已经引起政府部门、科研机构、部分企业的关注和研究,但到目前为止,对梯次利用仍然还停留在理论探索阶段。梯次电池的安全使用不是简单的拆解和组装,退役电池的评估、分选、成组、系统管理等需要更多专业技术和检测手段。例如,退役电池的一致性控制、电池状态的预估、寿命预测、实时监控、溯源系统等,需要在经验的基础上,建立一整套标准,从而保障退役电池"梯次利用"的安全性、可靠性。

从全球看,各国都在积极开展动力电池"梯次利用"方面的实验研究和工程应用,其中日本、美国和德国等国家行动较早,但是由于各国新能源汽车推广的路线各不相同,所退役的动力电池情况千差万别。此外,退役电池不同于新电池的另一点:它的容量、内阻、自放电率等参数高度离散,如果将离散性大的模组,成组为系统后,难以保证系统性能,甚至严重影响系统,如果严格分组,不仅会导致可匹配的模组少,系统集成困难甚至无法找到匹配模组,产品成本很高,而且分组只是静态匹配,难以保障后续系统使用过程中,电池模组离散,产生一致性问题。

电池组均衡管理,用于使单体电池均衡充电、放电,保持动态平衡,使电池组中各个电池都达到一致的状态,充电的时候,所有单体能同时充满,放电的时候,所有单体能同时放完,在保障安全的前提下,发挥电池组最大的性能,使得电池组达到最佳的工作状态。均衡管理技术与动力电池组的使用寿命和安全可靠性有直接的联系,因此,均衡技术是电池系统中的关键技术。

目前的电池均衡技术,从被动均衡和主动均衡的角度,可以将其分为两大类:能量耗散型和能量转移型。前者主要是指利用发热电阻旁路分流,通过在电池两端并联电阻对电池进行放电,消耗单体电压高电池的能量,来平衡电池组内各单体电池间容量差的目的,这种方法具有实现简单、成本低廉的优点,是早期主要的均衡方案,同时也存在能量浪费、散热处理、均衡时间长等问题。由于其简单可靠,在目前锂电池组中使用广泛。而主动均衡则能够在不同电池间进行无损能量传递来实现均衡目的,目前其存在很多种电路形式,与被动均衡不同的是,主动均衡利用电容、电感或是利用电压/电流转换器等,将单体电池多余的能量转移到能量低的电池上。该技术均衡效率高,基本无能量损耗。

在均衡方法上,由于被动均衡存在能量浪费的问题,不符合节能减排的政策,所以未来将会被主动均衡方式所取代。但是主动均衡电路也存在电路结构复杂、成本高、可靠性相对较差,以及失效后会引起安全隐患等问题,急待解决。在均衡控制的策略上,目前尚无可靠的均衡控制策略,都是基于电压进行均衡控制。因此,急需一种可靠的主动均衡系统技术来带动动力电池"梯次利用"行业的发展。本项目在此背景下,利用电动公交车上退役的动力电池建立储能电站对主动均衡系统进行研究。

一、技术原理

单体电池一致性问题是贯穿于电池全生命周期的基础问题。本技术采用自主研发设计的主动均衡控制芯片,配合先进的能量转移和分配算法,实现同步高效全节点并发主动均衡管理(图 8-10)。

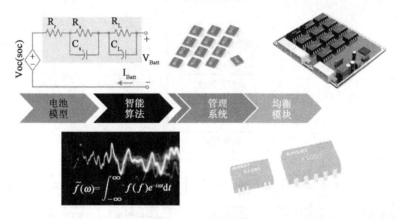

图 8-10 芯片级均衡模块

在本技术中,均衡芯片内置于电池箱内,每个均衡芯片与两个单包电池相连,通过多级架构,可以实现对多节串联电池进行均衡管理,每个均衡模块均衡电流高达 3A。主要功能是对相邻两节单体电池之间的荷电状态差异进行判断,根据均衡算法的结果,均衡模块以开关电源的方式,把 SOC 状态高的电池多余电量转移到 SOC 状态低的电池,实现电池容量最大化,并延长电池组循环寿命。

电池监护模块的均衡系统(图 8-11)主要包括四个步骤:电池信息采集→均衡规则运算→各均衡单元状态输出→均衡实现。

均衡规则是挑出那些电池需要被均衡、怎么样均衡,优越的均衡规则运算是有效均衡的保证。电池监护模块的均衡规则中综合了电池组状态、电池电压、电池 SOC、温度、电池厂家、循环次数等相关因素,使得运算结果更加符合实际需求,并能实现放电、充电及动态均衡,如图 8-12 所示。

二、主要创新点

(1)电池芯片采用了创新设计,内部集成双向 DC-DC 变换器,解决了传统均衡系统功率电路外置的难题,芯片具有高效的双向传输能力,均衡电流大,体积小,能耗低。

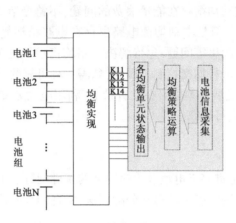

图 8-11 均衡系统原理

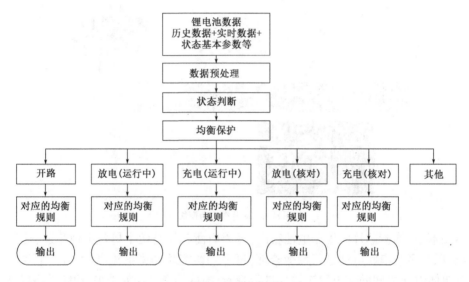

图 8-12 均衡规则

本项目电池均衡系统芯片集成了双向 DC-DC 变换器,图 8-13 是芯片的拓扑结构,4 开关升/降拓扑结构电路。

本芯片采用新型的 4 开关升/降拓扑结构电路和自主设计的与其相配的电流控制方法,并且在整个电路中可以调节输出电压,使其不受电池电压高低的影响,可以高效地双向传输能量,保持电池组中电池的均衡。

(2)创新设计了高性能主动均衡算法,替代传统的被动均衡和电压均衡法,实现了电池组真正的状态平衡。

电池在使用过程中表现出高度的非线性,SOC 的估计一直是公认的国际性难题。最初提出的一些算法比较简单,如对电流进行积分的安时法、利用开路电压(OCV)与 SOC 对应关系的开路电压法等。然后出现了对这些方法的修正算法,即在其中加入温度、充放电倍率、充放电效率、老化程度等部分或全部修正。但这些方法效果并不理想,比如安时法存在误差累积;开路电压法不适合在电流频繁波动的行驶过程中使用。目前的做法一般是将以上几种算法结合之后进行 SOC 的估计,但是无法进行实时精确的 SOC 估计,并且无法在每一个单体电池上使用。

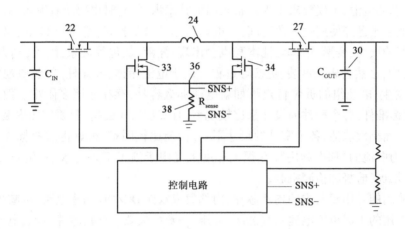

图 8-13 开关升/降拓扑结构电路

车用动力电池与笔记本电脑电池的特性完全不同,车用动力电池平台区长,OCV 曲线平缓,因此使用传统算法来计算车用动力电池 SOC 的误差非常大,无法满足用户的需求。

电动汽车动力电池的 SOC 比笔记本电脑电池更加复杂:电动汽车动力电池工作温度范围更广,充放电倍率更大,汽车运行状态复杂(启动、制动、加速、震动),循环寿命要求更长,容量估计要求更精确。

本项目在经验模型基础上,引入了扩展卡尔曼滤波和自适应学习算法,针对动力电池的特性,将电池的非线性状态空间模型线性化,实时、精确地估算 SOC 值。

现有的锂离子电池均衡方案基本上采用电压均衡法,而目前的电压均衡由于电池内阻及连接方式接触电阻的不同导致了电池电压的变化,因此会导致过度均衡,不仅浪费能量,而且会使容量均衡的电池组变得不均衡。

本项目应用的基于 SOC 的均衡算法,综合了电池荷电状态、内阻、电压、电流和温度等电池状态信号,实现了电池真正的状态平衡,可以使所有运行的电池同时充满、同时放完,实现成组电池的最大容量和最大寿命。

(3)创新设计了一种基于芯片的电池管理架构,实现了对电池组的智能管理,不仅提高了电池管理效率,而且增加了产品扩展性。

每一组串联汽车电池由一百多个电池单体串联而成,其内阻、电压、容量等参数会有一定的差异,这种差异表现为满充或放完电时单体的电压或能量不相同,这种情况的恶化可能造成电芯的过充或过放以至于整组电池的失效。而对于退役动力锂电池的梯次利用来说这种情况会更加严重。

三、技术应用关键点

主动均衡电路是在线快速实现电池均衡的核心环节,是执行机构,它直接决定了电池均衡的效果和效率。目前行业中基本采用离散功率器件搭建,器件数量多,体积大,功耗高,成本高,可靠性差。

梯次电池往往需要人工对电池组拆装、筛选、重组,其中会涉及不同厂家、不同型号、不同结构、不同状态的电池,不仅要求工人具备较高的技术水平,同时也要求有完善、齐全的拆装工具。梯次电池由于已经使用过一段时间,在电动汽车持续的振动、碰撞条件下,电池箱必然会受到不同程度的损伤、变形,单体电池本身也会出现、漏液、鼓包等现象,因此,动力电池的"梯次利用"过程中,必然会碰到拆装、更换等过程。由于电池箱体、导向柱、单包电池等结构件都有变形现象发生,电池组的拆装肯定不如新电池那么容易,存在着诸多困难。而且新电池安装,由于都是标准件,各个配件的尺寸都比较规整,有安装尺寸公差,只要按照安装工艺流程就能顺利进行。而梯次电池,各个配件的尺寸不一,拆装比较困难,很难再按照标准工艺流程进行。因此,动力电池的"梯次利用",在很大程度上受限于施工工人的水平、耐心、细心和责任心,需要建立培训、监督和检测机制。

本技术采用的专用双向主动均衡芯片,内部集成双向DC/DC功率电路,可减少外围元件,降低成本。采用的集成单体电池具有过压、欠压、一致性失效、过流、芯片过温、电池过温、电池反接、热插拔浪涌等完善的保护功能,使得产品在各种不当使用情况下,均能保证其安全、可靠。采用的集成功率、模拟、数字电路,大大降低系统成本、体积和功耗。此外,芯片设计可适用于独立工作,或与电池状态采样芯片 AFE 协同工作,在通信失败的情况下,仍能保证安全、可靠运行。

四、技术效益分析

1. 节能低碳效益

2MWh 梯次电池储能系统设计寿命为 15 年,一天循环 2 次,一年按 330d 计,转换效率为 88%。根据目前新能源汽车的续航里程 5~8km/(kWh),按照平均 6.5km/(kWh) 计算;燃油车每百公里油耗按照均值约 8L,密度为 0.725g/ml。汽油的折标煤系数为 1.4714kgce/kg。汽油的二氧化碳排放系数为 2.9251kg/kg。

储能电站供电量:$2000 \times 2 \times 330 \times 0.88 = 1161600$ kWh/年

供电量的总里程为:$6.5 \times 1161600 = 7550400$ km/年

储能电站供电里程折算成燃油车总油耗为:$75504 \times 8 = 604032$ L/年 $= 604032 \times 0.725$ g/ml $= 437923$ kg/年

节能量(tce/年)为:$6842.55 \times 1.4714/1000 = 644.36$ tce/年

降碳量(tCO_2/年)为:$10.068 \times 2.9251 = 1884.8171$ tCO_2/年

2. 经济效益

2MWh 梯次利用电池储能系统所应用到的设备装置及系统,包括电池、集装箱系统及安装工程、PCS(能量转换)系统、EMS(能量管理)系统、BMS(电池管理)系统、电池柜、设备及电缆、保护设备等。该储能项目在平、谷期购入电量,峰期卖出电量,通过电价差额获取经济效益,在确定电价差额的情况下,可通过计算来进行评价。

青岛市阶梯电价如表 8-15 所示。

青岛市阶梯电价　　　　　　　　　　　表 8-15

价格(元/kWh)	时　　间
0.97	8:30 ~ 11:30
	16:00 ~ 21:00
0.64	7:00 ~ 8:30
	11:30 ~ 16:00
	21:00 ~ 23:00
0.32	23:00 ~ 7:00

　　按照低谷储能充电,高峰期使用计算,晚上 23:00 ~ 7:00 低谷期充满电,在 8:30 ~ 11:30 高峰期使用,再在 11:30 ~ 16:00 平价期间充满电,16:00 ~ 21:00 高峰期使用。一天循环 2 次,一年按 330d 计,转换效率 88%,电池寿命 6 年期限内收益情况如下:

第一年:$[(0.97-0.32)\times2000+(0.97-0.64)\times2000]\times330\times0.88=57$ 万元

第二年:$[(0.97-0.32)\times1920+(0.97-0.64)\times1920]\times330\times0.88=55$ 万元

第三年:$[(0.97-0.32)\times1840+(0.97-0.64)\times1840]\times330\times0.88=52$ 万元

第四年:$[(0.97-0.32)\times1760+(0.97-0.64)\times1760]\times330\times0.88=50$ 万元

第五年:$[(0.97-0.32)\times1680+(0.97-0.64)\times1680]\times330\times0.88=48$ 万元

第六年:$[(0.97-0.32)\times1600+(0.97-0.64)\times1600]\times330\times0.88=46$ 万元

注:2MWh 梯次利用电池储能系统设计寿命为 15 年,所用电池使用寿命为 6 年(能量衰减 20%),电池荷电能力按照等差数列递减。

综上计算 2MWh 的微电网储能集装箱 6 年产生的经济效益为:308 万元。

按照梯次利用电池储能系统设计寿命为 15 年,电池使用寿命为 6 年期,则第 15 年收支情况如下:

直接投资:$289+20\times2=329$ 万元;

经济收入:$308\times2+57+55+52=780$ 万元;

储能电站 15 年生命周期绝对经济效益为:收入 – 投资 = 780 – 329 = 451 万元。

3. 社会效益

2022 年 7 月,电动汽车保有量超过 800 万辆,其动力电池的后期处置是一个不可忽视的问题。如果是采取普通的垃圾处理方法(包括填埋、焚烧、堆肥等),电池中的钴、镍、锂、锰等金属及无机、有机化合物必将对大气、水、土壤造成严重污染。此外,按照目前国家标准,动力电池寿命衰减至 80% 时寿命终止,退役动力电池尚有 80% 的余能可供使用,如果只是将退役电池简单拆解回收处理,是对资源的巨大浪费。因此,退役动力电池的"梯次利用",使电池得到了最大限度地使用,使其设计周期得到了延长,为社会创造了经济价值,同时也为社会减少了垃圾排放。

第九章 道路运输低碳发展展望

第一节 道路运输行业目标年的碳排放约束总量预测

本书在对道路运输行业碳排放约束总量进行估计时,采用的是以基准年的实际碳排放估计作为下一年度的分配总量,对于目标年是基准年下一年度的情况,该估计方法是可行的。但当目标年与基准年相距较远时,考虑经济发展、政策引导、行业运行情况等,可能会发生目标年的实际碳排放总量与基准年相差较多的情况。因此,在下一步的研究中,应采用情景分析法,综合考虑基准年至目标年之间由于技术进步、行业规模扩大、经济发展、政策环境变化等系列因素对碳排放总量造成的影响,对目标年的行业碳排放总量进行准确地预测。

第二节 其他动力类型车辆对实际运行情况修正的影响

由于在当前营运车辆中,传统燃油车仍占据绝对比例,因此,本书中车辆碳排放强度基准线划定、车辆实际运行核算方法等环节均以传统燃油车作为研究对象。但随着近年来车辆制造技术的进步,纯电动、混合动力、燃料电池、天然气、醇类燃料等多种新能源和清洁能源车辆相继进入道路运输行业,且应用规模正日趋扩大,其他动力类型车辆对碳排放量的贡献不容忽视。受限于当前其他动力类型车辆的碳排放量数据获取困难,本书中未能对其他动力类型车辆在实际运行中的碳排放量修正开展研究,因此,在下一步的研究中,待其他类型车辆在实际应用中的碳排量放数据统计较为完善后,应进一步深入分析不同动力类型车辆在实际运行情况中碳排放量的修正影响。

第三节 基于大数据分析与建模的营运车辆实际碳排放量核算方法

在当前交通运输行业的能耗和碳排放量统计监测体系尚不完善背景下,为能较为精确地进行营运车辆实际碳排放量的核算,本书基于"车辆标称油耗+工况修正"的思路,分别对车辆运行的实载率、拥堵、气温和道路等碳排放量影响因素进行研究,并计算了相应的修正系数。但除这些影响因素外,车辆的动力类型、使用年限、发动机参数变化及车辆行驶轨迹等因素同样是影响车辆碳排放量的重要因素,受限于本书研究中相关数据的获取难度较大,未能进行更深入的研究。下一步,随着道路运输领域碳排放量统计监测体系的逐渐完善,当车辆运行及排放的实际数据获取较易时,应利用大数据分析与建模的方法,继续深化车辆实际碳排放量的核算方法研究,提高碳排放量核算的科学性与准确性。

全球温室气体排放将对我们生活的自然生态系统产生显著影响,我国已自觉承担起节能低碳的大国责任,积极应对气候变化,努力控制温室气体排放。交通运输行业作为重点耗能行业,在我国节能低碳的进程中责无旁贷,道路运输行业应积极响应,不断创新碳排放量分配方法、定价方法及核算方法,为早日实现道路运输的节能低碳目标做好技术储备。同时,运输企业也应积极选用技术先进、效果良好的节能低碳技术,为中国的生态文明建设和绿色发展贡献力量。

附 录

一、道路运输节能低碳技术申报书

技 术 名 称：＿＿＿＿＿＿＿＿＿＿＿

技术推荐单位：＿＿＿＿＿＿＿＿＿＿＿

技术申报单位：＿＿＿＿＿＿＿（盖章）

年　月　日

重点节能低碳技术申报表见附表1。

重点节能低碳技术申报表　　　　　　　　附表1

节能低碳技术基本情况	
技术名称	
所属领域	
技术原理及内容	
适用范围	
节能低碳效果	
技术应用现状及产业化情况	
目前该技术行业内应用比例(%)	
技术推广潜力(5年后推广比例及节能低碳能力)	
获奖情况	
先进性指标 (证明材料)	□国际领先　　　□国际先进 □国内领先　　　□国内先进
技术推广障碍及建议	

续上表

应用项目介绍	
应用项目名称	
项目规模及条件	
实施内容	
项目节能量(tce)	
项目降碳量（tCO_2）	
经济、环境及社会效益	
项目投资额（万元）	
实施周期及投资回收期	

续上表

申报单位信息			
申报单位名称			
联系人姓名		职务/职称	
手机		联系电话	
E-mail		邮编	
通信地址			
申报单位承诺	我单位承诺：此次申报的技术产权明晰，无任何产权纠纷，上报的所有材料真实无误，并愿意承担相关由此引发的全部责任。 负责人签字： （公章） 年　　月　　日		

申报书正文结构

1. 技术概要

(1)申报单位基本情况。

(2)技术基本情况。(技术名称、适用范围等)

2. 技术原理和内容

(1)技术原理。

(2)关键技术、工艺流程及主要设备等。(详细说明技术工艺流程,必要时可附结构图、流程图、示意图等)

(3)主要创新点。(与替代技术的对比,应在节能低碳指标部分有所突显)

(4)技术可靠性。(技术成熟度、当前应用数量和年限)

(5)技术适用的专业领域。

(6)应用该技术时所需具备的各项条件。

(7)技术当前应用情况及应用比例。

3. 技术应用情况

(1)应用项目介绍。(项目名称、应用规模、节能低碳效果、投资额、投资回收期等)

(2)实施方案和流程。

4. 节能低碳效益测算评价

(1)节能低碳效益。(与行业平均水平或技术应用前进行对比,注明相关数据来源及测算过程,统一换算为 tce 及 tco_2)

(2)经济效益。(与行业平均水平或技术应用前相比的经济效益、单位节能低碳量投资额与静态投资回收期,注明相关数据来源及测算过程)

(3)社会效益。

5. 推广建议

(1)推广价值。(技术应用后的推广潜力、预计投入、预计可形成的节能低碳能力)

(2)推广该技术存在的障碍及建议采取的支撑措施。

6. 技术相关证明文件

(1)技术应用单位的营业执照和组织机构代码证等。

(2)与申报技术相关的鉴定文件(如技术认证、科技评价、项目验收、科技查新等)。

(3)具有专业资质的第三方机构出具的正式检测、认证报告等。

(4)技术产品专利证书复印件或知识产权声明(如知识产权为其他企事业单位所有或与其他企事业单位共有,需同时提供由该企事业单位出具的正式授权使用声明)。

(5)相关技术奖励证书。

(6)其他补充证明材料。

各类能源折标煤系数按照附表 2 计算,表中未涉及能源种类参照国标《综合能耗计算通则》(GB/T 2589—2020)计算。

各类能源折标煤系数计算表　　　　　　　　　　　　　　　附表2

能 源 名 称	折标煤系数	能 源 名 称	折标煤系数
原煤	0.7143kgce/kg	煤油	1.4714kgce/kg
洗精煤	0.9000kgce/kg	柴油	1.4571kgce/kg
原油	1.4286kgce/kg	天然气	1.3300kgce/kg
燃料油	1.4286kgce/kg	电力（当量）	0.1229kgce/kg
汽油	1.4714kgce/kg	电力（等价）	0.3030kgce/kg

各类能源碳排放参考系数按照附表3计算，表中未涉及能源种类参照国标《综合能耗计算通则》（GB/T 2589—2020）与《省级温室气体清单编制指南》（发改办气候〔2011〕1041号）计算。

各类能源碳排放参考系数　　　　　　　　　　　　　　　　附表3

能 源 名 称	二氧化碳排放系数	能 源 名 称	二氧化碳排放系数
原煤	1.9003kg/kg	煤油	3.0179kg/kg
焦炭	2.8604kg/kg	柴油	3.0959kg/kg
原油	3.0202kg/kg	液化石油气	3.1013kg/kg
燃料油	3.1705kg/kg	炼厂干气	3.0119kg/kg
汽油	2.9251kg/kg	油田天然气	2.1622kg/kg

二、××××节能低碳技术实地核查报告

推荐单位名称：＿＿＿＿＿＿＿＿＿＿

申报单位名称：＿＿＿＿＿＿＿＿＿＿

专家组负责人：＿＿＿＿＿＿＿＿＿＿

年　　月　　日

节能低碳技术实地核查专家组名单见附表4,节能低碳技术实地核查见附表5。

节能低碳技术实地核查专家组名单　　　　　　　附表4

人员	姓名	工作单位	职务/职称
组长			
成员			

节能低碳技术实地核查表 附表5

项目名称			
实施单位			
核查结果			
核查内容	核查结论		
	分数	说明	
先进性			
创新性			
典型性			
实效性			
节能潜力			
降碳潜力			
经济效益			
技术成熟度			
已实施规模			
可复制性			
推广价值			
节能量测算科学性			
项目技术上存在的问题			
项目可操作性上存在的问题			
申报书存在的问题	—		
目前的推广应用情况	—		

续上表

专家意见	
经验材料的改进意见	
推广建议	
对项目的总体点评 （1000 字）	

节能低碳技术实地核查工作手册

1. 组成核查组

按实地核查的项目分工,由组织实地核查的机构负责组成核查组,内容包括:

——确定领导;

——确定专家组长;

——确定专家;

——确定秘书。

2. 确定核查时间

组织实地核查的秘书长负责提前与参与核查的相关领导和专家组长协商,确定核查时间。核查时间一般为3天,住宿两晚。

3. 发实地核查通知

秘书负责以传真(通知原件)、邮件(通知扫描件)、电话等形式给项目推荐单位和申报单位发出通知。组织实地核查的秘书长负责给核查组成员发出通知,同时发出项目申报书电子版。

4. 实地核查工作

实地核查工作实行专家组长负责制。具体工作内容:

(1)核查组进驻项目实施单位。

(2)召开实地核查座谈会。参会人员:核查组成员、项目推荐单位代表、项目实施单位领导、项目负责人及相关人员。会议日程:

①会议由核查组织机构主持;

②核查组领导、项目推荐单位领导、项目实施单位领导讲话;

③项目实施单位汇报项目情况;

④专家组组长主持专家质疑与交流。

(3)核查组参观项目实施现场。

(4)专家组组长主持核查组内部讨论会,推荐单位代表及项目负责人参加。主要内容:

①核查组集中讨论对项目的评价打分情况,对项目经验材料的总体修改方案,重点确定"项目推广存在的问题及推广建议"的主要内容。

②专家组分工核查:安排2名专家,负责审核项目投资额、节能量或替代能源量,填写《项目设备投资清单核查表》《项目设施投资清单核查表》《项目节能量(或替代能源量)核查表》(见附表6~附表8),项目实施单位需派1~2名联络员负责为专家查找资料或联络相关人员。

③专家组长负责审议实地核查意见。

(5)核查组与项目实施单位沟通核查结果,项目实施单位对核查结果无异议后,形成核查意见终稿。

(6)实地核查工作结束。专家组长应及时向组织单位提交《实地核查报告》和《核查意见》等文件,以及核查过程中的图片或照片资料。

项目设备投资清单核查表 　　　附表6

序号	设备名称	型号	单价（万元）	单位	数量	总价（万元）	购置日期	对应合同编码	对应发票号码	对应发票金额（万元）	核查记录
1											
2											
3											
4											
5											
6											
7											
8											
项目设备投资总额(万元)											

1. 按照申报单位提供的清单逐一核对发票及合同原件,并依据专家经验判断设备与项目的关联度,以确定项目设备投资额的真实性。
2. 如设备购置发票与合同齐全,金额无误,确系该项目所需,请在"核查记录"栏内打"√";如存在发票金额有误、发票真实性有问题、与项目关联度不高等问题,请在"核查记录"栏内说明,并将该设备金额从"项目设备投资总额"中减去

项目设施投资清单核查表 附表7

序号	设施名称	型号	单价(万元)	单位	数量	总价(万元)	购置日期	对应合同编码	对应发票号码	对应发票金额(万元)	核查记录
1											
2											
3											
4											
5											
6											
7											
8											
项目设施投资总额(万元)											

1. 按照申报单位提供的清单逐一核对发票及合同原件，并依据专家经验判断设施与项目的关联度，以确定项目设施投资额的真实性。
2. 如设施购置发票与合同齐全，金额无误，确系该项目所需，请在"核查记录"栏内打"√"；如存在发票金额有误、发票真实性有问题、与项目关联度不高等问题，请在"核查记录"栏内说明，并将该设施金额从"项目设施投资总额"中减去

技术节能量(或替代能源量)核查表　　　　　　　　　　　附表8

项　目	内　容
项目节能量(或替代能源量)的参比对象	
项目节能量(或替代能源量)计算公式或方法	
项目节能量(或替代能源量)计算过程	要求:逐一列出计算公式中已知量的具体数据
项目节能量(或替代能源量)计算结果	节　能　量:＿＿＿＿＿＿＿吨标准煤; 替代能源量:＿＿＿＿＿＿＿吨标准油

三、交通运输节能减排工作专家库专家推荐表

推荐单位：_____
推荐专家擅长的专业领域：
○公路建养　○公路附属设施节能　○道路运输车辆机务管理
○物流管理　○公交运营及车辆管理　○汽车维修与检测
○驾驶员培训　○船舶　○轮机　○港航　○港口机械　○港口节能管理
√交通运输信息化

1. 基本信息

姓名		年龄		民族	
工作单位			所在部门		
地址			邮编		
职务			职称		
办公电话			移动电话		
传真			电子邮箱		
身份证号			现从事专业		
最高学历			所学专业		

2. 教育背景

起止时间	教育机构	专业名称	所获学位

3. 相关工作经历

起止时间	工作单位名称	职　务	职　称

4. 相关工作业绩

时　间	项目任务	工作业绩

5. 本人自述

_____

_____

(本人签字)：

6. 单位意见

工作单位意见	推荐单位意见
单位签章 年　　月　　日	单位签章 年　　月　　日

参 考 文 献

[1] 李丰.低碳经济战略视角下碳排放交易市场研究[J].四川轻化工大学学报(社会科学版),2020(35):59-75.

[2] United Nations Framework Convention on Climate Change[EB/OL]. http://legal.un.org.1992.

[3] 杜建国.我国全面启动碳交易市场[J].生态经济,2018(3):10-13.

[4] 冯为为.2017年全国将实施碳排放权交易机制[J].节能与环保,2017(2):34-35.

[5] BHRINGER C,KOSCHEL H,MOSLENER U. Efficiency losses from overlapping regulation of EU carbon emissions[J]. Journal of Regulatory Economics,2008,33(3):299-317.

[6] ELLERMAN D,BUCHNER B. Over-allocation or abatement: A preliminary analysis of the EU ETS based on the 2005-06 emissions data. Environmental and Resource Economics 2008[J]. Review of Environmental Economics & Policy,2008,1(1):66-87.

[7] ANDERSON B,DI MARIA C. Abatement and allocation in the pilot phase of the EU ETS[J]. Environmental and Resource Economics,2010,48(1):83-103.

[8] LECOURT S,PALLIERE C,SARTOR O. Free allocations in EU ETS Phase 3: The impact of emissions performance benchmarking for carbonintensive industry[J]. Working Papers,2013,66(1):33-51.

[9] BETZ R,ROGGE K,SCHLEICH J. EU emissions trading: an early analysis of national allocation plans for 2008—2012[J]. Climate Policy,2006,6(4):361-394.

[10] A D ELLERMAN,B K BUCHNER. The European Union Emissions Trading Scheme: Origins, Allocation, and Early Results[J]. Review of Environmental Economics and Policy,2007,1(1):66-87.

[11] 范振月,赵梦真,公维凤,等.基于STIRPAT模型的碳排放影响因素及峰值研究——以山东省为例[J].低碳经济,2020,9(2):11-12.

[12] 崔琦,杨军,董琬璐.中国碳排放量估计结果及差异影响因素分析[J].中国人口·资源与环境,2016,26(2):7-9.

[13] 郝园园.绿色发展理念下中国能源消费与碳排放的预测分析[J].中国商论,2021(2):3-7.

[14] 李欢,杨珊,陈建宏,等.湖南省能源消费碳排放驱动因素及趋势预测实证分析[J].环境工程,2018,36(02):152-157.

[15] 田亚亚.基于遗传算法优化反向传播神经网络的中国二氧化碳排放量影响因素研究[J].科技和产业,2018(01):71-79.

[16] NATSOURSE. Review and analysis of the emerging international greenhouse gas market[R]. PCF report,2002.

[17] LARS ZETTERBERG. Benchmarking in the European Union Emissions Trading System: Abatement incentives[J]. Energy Economics. 2014,(43):218-224.

[18] LI WEI,ZHANG YAN WU,LU CAN. The impact on electric power industry under the imple-

mentation of national carbon trading market in China: A dynamic CGE analysis [J]. Journal of Cleaner Production,2018,200:511-523.

[19] GRAMTON P,S KERR. Tradable Carbon Permit Auctions: How and Why to Auction not Grandfather [J]. Energy Policy,2002(30):333-345.

[20] FOWLIE M. Allocating Emissions Permits in Cap-and-Trade Programs: Theory and Evidence [J]. University of California,Berkeley Technical Report,2010,45(2):133.

[21] ZETTERBERG L,WRAKE M,STERNER T. Short-Run Allocation of Emissions Allowances and Long-Term Goals for Climate Policy [J]. Ambio,2012,41(1):23-32.

[22] GRIMM V,LLIEVA L. An experiment on emissions trading: the effect of different allocation mechanisms [J]. Journal of Regulatory Economics,2013,44(3):308-338.

[23] TANAKA M,CHEN Y. Market power in emissions trading: Strategically manipulating permit price through fringe firms [J]. Applied Energy,2012,96(8):203-211.

[24] STERNER. Free Allocation in the 3rd EU ETS Period: Assessing Two Manufacturing Sectors [J]. Climate Policy,2016,16(2):15-18.

[25] COOPER R N. Financing for climate change [J]. Energy Economics,2012,34(SUPPL. 1):S29-S33.

[26] 聂力.我国碳排放权交易博弈分析[D].北京:首都经济贸易大学,2013.

[27] 王鑫,腾飞.中国碳市场免费配额发放政策的行业影响[J].中国人口资源与环境,2015,25(2):129-134.

[28] 吴洁,范英,夏炎,等.碳配额初始分配方式对我国省区宏观经济及行业竞争力的影响[J].管理评论,2015,(12):18-26.

[29] 王清慧.碳排放权初始分配机制及其交易研究——基于碳排放总量控制[D].无锡:江南大学,2014.

[30] 陈建.我国碳排放配额初始分配方法的法学探究——以行政法律关系为视角[J].西南石油大学学报(社会科学版),2015,17(2):10-15.

[31] JENSEN J,RASMUSSEN T N. Allocation of CO_2 Emission Permits: a General Equilibrium Analysis of Policy Instruments [J]. Journal of Environmental Economics,2000,40(2):111-136.

[32] MU HAILIN,LI LINLIN,Li NAN,et al. Allocation of carbon emission permits among industrial sectors in Liaoning province [J]. Energy Procedia,2016,104:449-455.

[33] BOHRINGER. The efficiency costs of separating carbon markets under the EU emissions trading scheme [J]. Energy Economics,2006,28(1):44-61.

[34] DONG F,LONG R,YU B. How can China allocate CO_2 reduction targets at the provincial level considering both equity and efficiency? Evidence from its Copenhagen accord pledge [J]. Resources Conservation and Recycling. 2018,(130):31-43.

[35] WANG YONG,ZhAO HAN,DUAN FUMEI,et al. Initial Provincial Allocation and Equity Evaluation of China's Carbon Emission Rights——Based on the Improved TOPSIS Method [J]. Sustainability,2018,10(4):982.

[36] YU S, GAO X, MA C, et al. Study on the concept of Per Capita Cumulative Emissions and Allocation Options [J]. Advances in Climate Change Research, 2011, 2(2):79-85.

[37] GRAGELMAN. Financing for climate change [J]. Energy Economics, 2012, 34:29-33.

[38] FISHER C. Emissions targets and the real business cycle: Intensity targets versus caps or taxes [J]. Journal of Environmental Economics and Management, 2011, 62(3): 3526-366.

[39] BURTRAW D. The effect of allowance allocation on the cost of carbon emission trading [M]. Resources for the Future, 2001.

[40] FILAR J A, GAERTNER P S. A regional allocation of world CO_2 emission reduction [J]. Mathematics and Computers in Simulation, 1997, 43(3):269-275.

[41] JOHAN EYCKMANS, HENRY TULKENS. Simulating coalitional stable burden sharing agreements for the climate change problem [J]. Resource and Energy Economics, 2003, 25(4): 299-327.

[42] LAURENT VIGUIER, MARC VIELLE, ALIAN HAURIE. A two-level computable equilibrium model to assess the strategic allocation of emission allowances within the European union [J]. Computers and Operations Research, 2006, 33 (2):369-385.

[43] PHYLIPSEN G J M, BODE J W, BLOK K, et. al. A Triptych sectorial approach to burden differentiation: GHG emission in the European bubble [J]. Energy Policy, 1998, 26(12): 929-943.

[44] DEN ELZEN M G J, HOHNE N, MOLTMANN S, The Triptych approach revisited: A staged sectorial approach for climate mitigation [J]. Energy Policy, 2008, 36(3):1107-1124.

[45] EKHOLM T, SOIMAKALLIO S, MOLTMANN S, et al. Effort sharing in ambitious, global climate change mitigation scenarios. Energy Policy, 2009, 38(4):1797-1810.

[46] BAER P, ATHANASIOU T, KARTHA S, et al. The right to development in a climate constrained world: The Greenhouse Development Rights framework [J]. Gastroenterology, 2007, 191(10):205-226.

[47] TANG B J, HU Y J, YANG Y. The Initial Allocation of Carbon Emission Quotas in China Based on the Industry Perspective [J]. Emerging Markets Finance and Trade, 2019 Sep 21: 1-18.

[48] HAN R, YU B Y, TANG B J, et al. Carbon emissions quotas in the Chinese road transport sector: A carbon trading Perspective [J]. Energy Policy, 2017 jul 1; 106: 298-309.

[49] WANG K, ZhANG X, WEI Y M. Regional allocation of CO_2 emissions allowance over provinces in China by 2020[J]. Energy Policy, 2013, 54:214-229.

[50] COOK W D, KRESS M. Characterizing an equitable allocation of shared costs: A DEA approach [J]. European Journal of Operational Research, 1999, 119(3):652-661.

[51] LOZANO S, VILLA G, BRANNLUND R. Centralized reallocation of emission permits using DEA [J], European Journal of Operational Research, 2009, 193(2), 752-760.

[52] LINS M, et al. Olympic Ranking Based on a Zero-sum Gains DEA model[J]. European Journal of Operational Research, 2003, 148: 312-322.

[53] LIN T, NING J F. Research on carbon emission allocation efficiency of EU countries based on ZSG-DEA model[J]. Quant. Tech. Econ. 2011,3:36-50.

[54] PANG R Z, DENG Z Q, CHIU Y H. Pareto improvement through a reallocation of carbon emission quotas[J]. Renewable and Sustainable Energy Reviews 2015,50:419-430.

[55] FENG C P, CHU F, DING J J, et al. Carbon Emission abatement allocation and compensation schemes based on DEA[J]. Omega 2015,53:78-89.

[56] CHIU Y H, LIN J C, et al. Carbon emission allowances of efficiency analysis: Application of super SBM ZSG-DEA model[J]. Polish Journal of Environmental Studies, 2013, 22(3): 653-666.

[57] CHUNG Y H, FARE R, GROSSKOPF S. Productivity and undesirable outputs: a directional distance function approach[J]. Journal of Environmental Management, 1997, 51(3): 229-240.

[58] ZHOU P, ANG B W, ZHOU D Q. Measuring economy-wide energy efficiency performance: A parametric frontier approach[J]. Applied Energy,2012,90(1):196-200.

[59] SEIFORD L M, ZHU J. Modeling undesirable factors in efficiency evaluation[J]. European Journal of Operational Research,2002,142(1): 16-20.

[60] REINHARD S, LOVELL C A K, THIJSSEN G J. Environmental efficiency with multiple environmentally detrimental variables: estimated with SFA and DEA[J]. European Journal of Operational Research,s2000,121(2): 287-303.

[61] ZHANG B, BI J, FAN Z, et al. Eco-efficiency analysis of industrial system in China: A data envelopment analysis approach[J]. Ecological economics,2008,68(1-2):306-316.

[62] SUEYOSHI T, GOTO M, UENO T. Performance analysis of US coal-fired power plants by measuring three DEA efficiencies[J]. Energy Policy,2010,38(4),1675-1688.

[63] 杨庆亮. 我国2020年碳减排目标省际分解研究[D]. 北京:中国矿业大学,2015.

[64] OKOLI C, PAWLOWSKI S D. The Delphi method as a research tool: an example, design considerations and application[J], Information & Management,2004,42(1):15-29.

[65] QIN Q, LIU Y, LI X, et al. A multi-criteria decision analysis model for carbon emission quota allocation in China's east coastal areas: Efficiency and equity[J]. Journal of Cleaner Production,2017,168:410-419.

[66] BREDIN D, MUCKLEY C. An emerging equilibrium in the EU emissions trading scheme[J]. Energy Economics. 2011,33: 353-362.

[67] SOUSA R, AGUIARCONRARIA L, SOARES MJ. Carbon financial markets: A time-frequency analysis of CO_2 prices drivers[J]. Physical A: Statistical Mechanics & Its Applications. 2014,414(10):118-127.

[68] MO JIAN LEI, JOACHIM SCHLEICH, ZHU LEI et al. Delaying the introduction of emissions trading systems-Implications for power plant investment and operation from a multi-stage decision model[J]. Energy Economics,2015,52:255-264.

[69] VAN EGTEREN. H. Marketable Permits, Market Power and Cheating[J]. Journal of Environ-

ment Economics and Management,2009,16:156-166.
[70] KANEN J L M. Carbon trading and Pricing[M]. London:Environmental Finance Publications,2006.
[71] MANSANET-BATALLER M,PARDO A,VALOR E. CO_2 prices,energy and weather[J]. The Energy Journal,2007:73-92.
[72] ALBEROLA E,CHEVALLIVER J,CHEZE B. Price drivers and structural breaks in European carbon prices 2005-2007[J]. Energy Policy,2008,36(2),787-797.
[73] 刘娜,何继新,周俊,等. 碳排放交易的双向拍卖博弈研究[J]. 安徽农业科学,2010,38(6):3202-3203.
[74] 王修华,赵越. 我国碳交易的定价困境及破解思路[J]. 理论探索,2010(3):66-69.
[75] 王璟珉,岳杰,魏东. 期权视角下的企业内部碳交易机制定价策略研究[J]. 山东大学学报,2009(10):86-94.
[76] 王宇露,林健. 我国碳排放权定价机制研究[J]. 价格理论与实践,2012(2):87-88.
[77] 刘长松. 国外碳排放权交易与碳价波动对我国的启示[J]. 中国物价,2015(9):55-58.
[78] 王双英,李东,王群伟. 国际石油价格对世界碳交易市场的影响研究[J]. 价格理论与实践,2011(3):52-53.
[79] 凤振华. 碳市场复杂系统价格波动机制与风险管理研究[D]. 中国科学技术大学,2012.
[80] 杨欢进. 西方经济学专题研究[M]. 河北:河北人民出版社,2007.
[81] 蒋惠琴,张潇,邵鑫潇,等. 中国试点碳市场收益率波动性的研究及启示——基于ARMA-GRACH模型的实证分析[J]. 广州大学学报(社会科学版),2017,16(10):72-78.
[82] 梁美健,贾颖逸,谢淑红. 碳资产评估若干问题探讨[J]. 经济师,2016,000(001):19-22.
[83] 杜清燕. 我国碳排放影子价格的研究[D]. 成都:西南财经大学,2013.
[84] MA Q Z,SONG H Q,CHEN G Y. A study on low-carbon product pricing and carbon emission problems under the cap-and trade system[J]. J. Ind. Eng. Manag,2014,28(2):127-136.
[85] YVES RAANNOU,PASCAL BARNETO. Futures trading with information asymmetry and OTC predominance:Another look at the volume/volatility relations in the European carbon markets[J]. Energy Economics,2016(53):159-174.
[86] PARK K S. A range adjusted measure of efficiency[J]. Journal of Productivity Analysis,1999(11):5-42.
[87] MURTY. Measuring environmental efficiency of industry:a case study of thermal power generation in India[J]. Environmental and Resource Economics,2007,38(1):31-50.
[88] 涂正革. 环境、资源与工业增长的协调性[J]. 经济研究,2008(2):93-105.
[89] 陈诗一. 工业二氧化碳的影子价格:参数和非参数化方法[J]. 世界经济,2010,(8):24-29.
[90] 袁鹏,程施. 中国工业环境管制的机会成本分析[J]. 当代经济科学,2011,33(3):59-66.
[91] 刘明磊,朱磊,范英. 我国省级碳排放绩效评价及边际减排成本估计:基于非参数距离函数方法[J]. 中国软科学,2011(3):106-114.
[92] 王思斯. 基于随机前沿分析的二氧化碳排放效率及影子价格研究[D]. 南京:南京航空

航天大学,2012.

[93] RAMUDIN A. Carbon market sensitive sustainable supply chain network design [J]. International Journal of Management Science and Engineering Management. 2010,51: 1093-1097.

[94] HICKMAN J, JOUMARD R. Methodology for calculating transport emissions and energy consumption [R]. Project funded by the European Commission under the Transport RTD programmer of the 4th Framework programmer. Contract NO. ST-96-SC.204.

[95] BEKTAS T, LAPORT G. The Pollution-Routing Problem [J]. Transportation Research Part B, 2011,45:1232-1250.

[96] EMRAH D. Models and Algorithms for the Pollution-Routing Problem and Its Variations [D]. University of Southampton, name of the university school or Department, 2012.

[97] 王靖添,黄全胜,马晓明.中国交通运输参与国内碳交易现状与展望[J].气候变化,2016(5):32-37.

[98] 杨加猛,万文娟.省域交通运输业碳排放核算及其减排情景分析[J].公路,2017(11):155-158.

[99] 秦新生.物流企业碳排放指标计算方法研究[J].铁道运输与经济,2014(7):60-65.

[100] 储诚山,陈洪波,陈军.城市道路客运交通碳排放核算及实证分析[J].生态经济,2015(9):56-60.